# A FORMAÇÃO CONTINUADA SOB ANÁLISE DO PROFESSOR ESCOLAR

FUNDAÇÃO EDITORA DA UNESP

*Presidente do Conselho Curador*
Mário Sérgio Vasconcelos

*Diretor-Presidente*
José Castilho Marques Neto

*Editor-Executivo*
Jézio Hernani Bomfim Gutierre

*Assessor Editorial*
João Luís Ceccantini

*Conselho Editorial Acadêmico*
Alberto Tsuyoshi Ikeda
Áureo Busetto
Célia Aparecida Ferreira Tolentino
Eda Maria Góes
Elisabete Maniglia
Elisabeth Criscuolo Urbinati
Ildeberto Muniz de Almeida
Maria de Lourdes Ortiz Gandini Baldan
Nilson Ghirardello
Vicente Pleitez

*Editores-Assistentes*
Anderson Nobara
Jorge Pereira Filho
Leandro Rodrigues

FERNANDA ROSSI
DAGMAR APARECIDA CYNTHIA
FRANÇA HUNGER

# A FORMAÇÃO CONTINUADA SOB ANÁLISE DO PROFESSOR ESCOLAR

© 2013 Editora UNESP

Direitos de publicação reservados à:
Fundação Editora da UNESP (FEU)

Praça da Sé, 108
01001-900 – São Paulo – SP
Tel.: (0xx11) 3242-7171
Fax: (0xx11) 3242-7172
www.editoraunesp.com.br
www.livrariaunesp.com.br
feu@editora.unesp.br

CIP – BRASIL. CATALOGAÇÃO NA FONTE
SINDICATO NACIONAL DOS EDITORES DE LIVROS, RJ

R741f

Rossi, Fernanda
A formação continuada sob análise do professor escolar / Fernanda Rossi, Dagmar Aparecida Cynthia França Hunger. São Paulo: Editora Unesp, 2013.

Recurso digital
Formato: ePDF
Requisitos do sistema: Adobe Acrobat Reader
Modo de acesso: World Wide Web
ISBN 978-85-393-0419-6 (recurso eletrônico)

1. Professores – Formação. 2. Educação de base. 3. Prática de ensino. 4. Livros eletrônicos. I. Hunger, Dagmar Aparecida Cynthia França. II. Título.

13-01608                                                  CDD: 370.71
                                                                             CDU: 37.02

Este livro é publicado pelo projeto *Edição de Textos de Docentes e Pós-Graduados da UNESP* – Pró-Reitoria de Pós-Graduação da UNESP (PROPG) / Fundação Editora da UNESP (FEU)

Editora afiliada:

Asociación de Editoriales Universitarias de América Latina y el Caribe

Associação Brasileira de Editoras Universitárias

*"... Mire veja: o mais importante e bonito, do mundo, é isto: que as pessoas não estão sempre iguais, ainda não foram terminadas – mas que elas vão sempre mudando..."*

João Guimarães Rosa

# Sumário

Introdução   9

1 Percurso metodológico   17
2 A formação continuada de professores:
  tendência internacional   25
3 Referenciais nacionais para a formação
  continuada de professores:
  panorama do cenário brasileiro   39
4 As ações de formação continuada:
  contextos e perspectivas docentes   53
5 Em busca de redefinições para a
  formação continuada   101

Considerações finais   109
Referências bibliográficas   117

# Introdução

A formação do professor percorre toda a sua vida profissional, sendo considerada como algo inacabada e processual. O processo de aprender a ensinar começa antes mesmo dos alunos ingressarem na graduação como aponta Tardif (2002). Ressalta-se que:

A formação docente abrange um processo sem fronteiras bem delimitadas na medida em que envolve as influências familiares, os vários anos nos bancos escolares, o curso de graduação, a atuação profissional enquanto professor, dentre tantas outras. Todos esses momentos contribuem para a construção de imagens, crenças, ideias, conhecimentos e saberes sobre o ensinar e o que é ser professor e que constituem (e vão continuar constituindo) o docente, nos dando a ideia de um processo contínuo e permanente. (Ferreira, L., 2006, p.48)

Para Pimenta (2000), do curso de formação inicial espera-se que de fato forme o professor, ou que colabore com a sua formação e para o exercício da atividade docente, já que professorar não é uma atividade burocrática para a qual se adquire conhecimentos e habilidades técnico-mecânicas.

É preciso que o professor se atualize permanentemente, diz Demo (2004, p.121), porque "se o conhecimento, de um lado, é aquilo que a tudo inova, do outro lado da mesma moeda é aquilo que a tudo envelhece". Mais do que outros profissionais, o professor envelhece rápido, pois lida diretamente com a fonte principal da inovação, que é o conhecimento. De acordo com o autor (2002) é fundamental que o profissional da educação se mantenha bem formado, ou seja, além de ter passado por uma boa formação[1] inicial deve alimentar de modo contínuo a sua formação.

Assim, a formação continuada vem se revelando como uma dimensão bastante importante da vida profissional dos docentes.

Essa dimensão da formação de professores é uma questão de especial relevância e destaque, uma vez que a busca da construção da qualidade de ensino e de uma escola comprometida com a formação para a cidadania exige, necessariamente, repensar a formação de professores em todas as suas etapas (Candau, 1997). Mas, cabe dizer que a mudança educativa só é possível ao se conceber a formação do professor em conexão estreita com outros aspectos da realidade escolar, considerando todas as suas inter-relações sociais, culturais, políticas, econômicas (Candau, 1997; Nóvoa, 1995, 1999b; Vasconcellos, 2004a).

É sabido que temas e problemas relacionados à educação têm como polo de referência o professorado. As discussões majoritariamente conduzem a uma implicação do professor, projetando sobre sua figura uma série de aspirações que ele deveria assumir para transformar a qualidade do ensino (Gimeno Sacristán, 1999), situando-o, desse modo, numa posição de destaque no debate contemporâneo na área da educação: fala-se em uma nova "centralidade" dos professores nos discursos políticos e sociais para a construção da "sociedade do futuro" (Nóvoa, 1999b, p.13).

---

1 Por boa formação entende-se o embasamento sólido de conhecimentos acadêmico-científicos, filosóficos, sociológicos, políticos, culturais e técnico-práticos específicos que sustentem a atuação profissional.

A FORMAÇÃO CONTINUADA SOB ANÁLISE DO PROFESSOR ESCOLAR 11

Visando construir um profissional que corresponda a essa função, discute-se muito o processo de profissionalização docente. Contudo, a análise dos dilemas atuais dos professores revela que eles estão envolvidos em processos contraditórios. Ao mesmo tempo em que os discursos apontam para a evolução da profissionalização no ensino, é verificado um processo de desprofissionalização, por meio da precarização das condições do trabalho do professor, de sua deslegitimação como produtor de saberes, da perda de poder aquisitivo e de prestígio social, refletindo na diminuição de sua autonomia e na degradação do seu estatuto. Evidencia-se que a profissão professor transita entre a ambiguidade da profissionalização e da proletarização (Chakur, 2000; Lüdke; Boing, 2004; Nóvoa, 1999a).

E no âmago desse debate sobre a condição docente, ganha ênfase a formação continuada dos professores, sendo concebida como um dos principais elementos da profissão (senão o mais importante), pois além de formar os profissionais do ensino, produz a profissão e a profissionalidade docente.

Embora a maioria das pesquisas se concentre, ainda, na formação inicial, tem havido um aumento na produção de investigações que têm como objeto de estudo a formação continuada (André et al., 1999).

A tônica na formação docente não é um fenômeno regional ou pontual, mas global. Nas últimas décadas tem estado presente nos debates educacionais internacionais e locais, integrando praticamente todas as reformas educativas em curso, por ser concebida como um meio de transformar o ensino, a partir da mudança da prática pedagógica do professor.

Especialmente a dimensão da formação continuada entrou na pauta mundial a partir dos anos 1990. Na visão de Gatti (2008) dois movimentos colaboraram para essa ocorrência: as pressões do mundo do trabalho em rápida transformação e a constatação, pelos sistemas governamentais, dos precários desempenhos escolares de grandes parcelas da população. Para Souza (2006) a crescente importância atribuída à formação continuada tem sido sustentada pelo argumento da incompetência dos professores, julgada como a principal causa do fracasso educacional. E no contexto de utilização da formação contínua para forjar a competência do professor instauram-se as políticas públicas nesse âmbito. Essa formação revela-se como uma preocupação por parte do poder público, entre as universidades e centros de pesquisa (Mediano, 1997) e entre os docentes que estão atuando na escola (Günther; Molina Neto, 2000). Chakur (2000, p.82) coloca que a razão mais comumente utilizada para justificar a necessidade da formação continuada apoia-se nos benefícios da atualização dos conteúdos básicos para uma melhor correspondência com as condições escolares, suprindo, ao mesmo tempo, as deficiências da formação inicial. Mas, concorda-se com a autora ao explicar que a formação continuada é justificada por uma razão muito mais profunda que se relaciona com a "própria natureza da prática docente que, enquanto um fazer histórico, não se mostra pronto e acabado, pois se encontra sempre vinculado a um saber". A formação continuada contribui para a modificação da profissionalização do professor e desenvolve domínios necessários à sua qualificação, como também atua no exame de possíveis soluções para os problemas reais do ensino.

Não obstante, o cenário atual da formação contínua evidencia que as práticas não têm contribuído efetivamente para a transformação das aulas e para o desenvolvimento profissional dos professores. As ações vêm sendo implementadas de formas variadas, dentre as quais se destaca a ênfase na formação institucionalizada, com a presença dos professores nos centros universitários (Candau, 1997; Nóvoa, 1999b); assim como a realização de cursos de atualização de conteúdos, eventos e palestras que pouco contribuem para a prática docente (Demo, 2002; Pimenta, 2000). Tem-se desconsiderado o professor como um sujeito ativo de seu próprio desenvolvimento, suas experiências adquiridas no exercício da profissão docente e os conhecimentos construídos nas suas histórias de vida.

Para dar um novo direcionamento à formação e em resposta a esses modelos que se apresentam ineficientes, reflexões estão sendo estimuladas com o objetivo de construir uma nova concepção de formação continuada (Candau, 1997), que está deixando de ser concebida sob a ótica da acumulação de cursos, conhecimentos ou

A FORMAÇÃO CONTINUADA SOB ANÁLISE DO PROFESSOR ESCOLAR   13

técnicas, e passando a ser concebida como um processo de reflexão sobre as práticas e de (re)construção permanente de uma identidade pessoal e profissional (Candau, 1997; Nóvoa, 1995).

Embora se constate pela revisão da literatura um crescimento nas produções que se interessam pelo tema da formação continuada, ainda pouco se conhece sobre o que representa a formação para os professores, ou seja, quais são os significados atribuídos pelos docentes a esse componente para o seu desenvolvimento profissional e prática pedagógica. Há ainda questões importantes a serem analisadas no sentido de dar voz aos professores (quem sempre esteve mais na posição de ouvir e reproduzir) e compreender quais são suas concepções, necessidades e desafios relacionados à formação. Gimeno Sacristán (2002) ressalta que as motivações dos docentes têm sido um capítulo ausente da formação de professores e da investigação relacionada a essa temática.

Diante deste quadro atual da formação docente questiona-se: qual a concepção dos professores sobre a formação continuada? Qual a relação que os professores estabelecem com as práticas de formação dessa natureza, ou seja, continuam estudando, participam de cursos, fazem pós-graduação, pesquisam a produção acadêmica, dentre outros? Qual a visão dos professores a respeito do papel da escola na formação continuada dos professores? Os professores participam das etapas de construção e implementação dessas ações ou têm interesse em participar? Quais são as necessidades e expectativas relacionadas à formação continuada no momento em que se encontram na carreira docente?

Estes questionamentos geraram o objetivo da pesquisa relatada neste livro que consistiu em analisar os significados que um grupo de professores, atuantes na educação básica da rede pública de ensino estadual da cidade de Bauru (SP), atribui à formação continuada no processo da profissionalidade docente.

Como cita Imbernón (2001) um dos obstáculos a serem superados ao se tratar da formação docente e desenvolvimento profissional é conhecer a avaliação que os professores fazem das várias questões implicadas na formação continuada.

Assim, acredita-se que o êxito da formação perpassa o conhecimento e a valorização de como os professores pensam a sua formação e a sua profissão, sendo pertinente o estudo desse tema no atual momento histórico em que a dimensão da formação continuada ocupa um lugar de destaque nos debates educacionais.

Tem-se, ainda, como preocupação, os processos envolvidos na formação e atuação de professores, bem como a aspiração por (re) construir a identidade docente. E espera-se que os resultados (e as reflexões proporcionadas por eles), ao apresentar as análises das concepções de um grupo de professores com referência à formação continuada – considerando que os professores estão imersos em redes de configurações das mais diversas – possam contribuir para a ampliação do conhecimento sobre o professorado na atualidade e o processo de constituição da profissionalidade docente, oferecendo subsídios para novas ações formativas.

Elias (1980) enfatiza que as pessoas constituem-se como grupos interdependentes, produzindo determinadas configurações e formando uma rede de relações. Fundamentando-se na reflexão do autor o que se verifica é a ampliação das configurações que envolvem o professor, formando grupos com funções específicas e funcionalmente dependentes, como professores, diretores, coordenadores pedagógicos, pesquisadores, governantes, alunos, comunidade etc.

E estudar empiricamente as configurações que estão em jogo na educação brasileira apresenta-se como um meio para elucidar problemáticas, tais como a intensificação do trabalho do professor, o controle de sua vida profissional por meio dos processos de avaliação e sua subordinação estrita a normas e diretrizes dos poderes públicos – o que gera falta de autonomia, impossibilitando-os de conduzir sua própria profissão e de se autocontrolar como um grupo profissional; o distanciamento entre a produção de saberes e a execução (comunidade científica e professores); o movimento de profissionalização e desprofissionalização presente na profissão; a desvalorização do professorado no imaginário social, ao mesmo tempo em que a esse agente é atribuído o papel principal para a transformação da sociedade; as configurações em jogo (e suas implicações) nos processos

A FORMAÇÃO CONTINUADA SOB ANÁLISE DO PROFESSOR ESCOLAR 15

de formação continuada – sendo este último o principal objeto de interesse da presente pesquisa.

Em termos de organização do livro, as análises das informações obtidas nos depoimentos dos professores e fontes documentais são apresentadas simultaneamente à discussão da literatura, buscando, dessa forma, dialogar e refletir com as produções teóricas e as concepções dos professores participantes da pesquisa.

Inicialmente, o primeiro capítulo refere-se à metodologia que norteou a investigação, com as técnicas de coleta de dados empregadas, os sujeitos participantes do estudo e os procedimentos utilizados para análise dos depoimentos coletados.

No capítulo 2, "A formação continuada de professores: tendência internacional", foram abordadas as lógicas que orientam essa formação no contexto mundial e, no capítulo 3, "Referenciais nacionais para a formação continuada de professores: panorama do cenário brasileiro" traçou-se um quadro das ações governamentais nacionais direcionadas à formação continuada, considerando, especialmente, o fato de a pesquisa inserir-se na esfera da rede pública de ensino.

No quarto capítulo, "As ações de formação continuada: contextos e perspectivas docentes" foram enfatizadas as formas que vêm assumindo as ações de formação desenvolvidas em discussão com os relatos dos professores, delineando a formação continuada nos dias atuais, a partir dos seguintes eixos: as concepções dos professores sobre a formação continuada; a escola como o *locus* da formação; os saberes da experiência como o núcleo da formação continuada; e a relação da formação com as etapas do desenvolvimento profissional do docente.

Algumas das perspectivas de mudança que se vislumbram nesse campo são apontadas no capítulo 5 – "Em busca de redefinições para a formação continuada".

Pretendeu-se atentar para as questões atuais que envolvem a dimensão da formação continuada de professores, interpretando o contexto, os significados, as intenções políticas, os interesses econômicos, enfim, a repercussão desses elementos para o objeto de investigação proposto. Desse modo, encerrando as reflexões, as considerações finais apresentam uma análise geral do estudo, bem como os limites e as possibilidades evidenciadas ao buscar uma aproximação das proposições da literatura com a realidade do cotidiano escolar manifestada pelos professores depoentes.

# 1
## PERCURSO METODOLÓGICO

## Delineamentos da pesquisa

Propôs-se nessa investigação uma abordagem qualitativa que, de acordo com André (1995, p.17), baseia-se em princípios como a valorização da "maneira própria de entendimento da realidade pelo indivíduo", não aceitando que a realidade seja algo externo ao sujeito.

No estudo de caráter qualitativo, enfatiza a autora, é essencial a visão holística dos fenômenos considerando as interações e as influências existentes entre todos os componentes de uma situação. Busca-se a interpretação e a descoberta, valoriza-se a indução e considera-se que fatos e valores estão intimamente relacionados.

Essa foi a abordagem que ofereceu melhores condições para responder ao objetivo da pesquisa, que consiste em analisar os significados que um grupo de professores que atuam na rede pública de ensino atribui à formação continuada no processo da profissionalidade docente, uma vez que se trata da compreensão da percepção de mundo e das opiniões subjetivas que os indivíduos associam aos fenômenos de sua vida. Nesse sentido, pontua André (1995, p.17) que:

Weber também contribuiu de forma importante para a configuração da perspectiva qualitativa de pesquisa ao destacar a compreensão (*verstehen*) como o objetivo que diferencia a ciência social da ciência física. Segundo ele, o foco da investigação deve se centrar na compreensão dos significados atribuídos pelos sujeitos às suas ações. Como Dilthey, ele argumenta que para compreender esses significados é necessário colocá-los dentro de um contexto.

Diante dessa concepção, buscou-se investigar uma problemática da atualidade com inspiração no método de abordagem da história do tempo presente, uma vez que essa vertente tem interesse pelas testemunhas que estão vivenciando as situações, aquelas que estão presentes no momento do desenrolar dos fatos (Amado; Ferreira, 1996). Como indica Chartier (1996) o historiador do tempo presente compartilha com outras pessoas o momento em que se encontram, narrando histórias referentes ao mesmo contexto, sendo o pesquisador contemporâneo de seu objeto.

Para o autor acima, pensar o tempo presente "propicia uma reflexão essencial sobre as modalidades e os mecanismos de incorporação do social pelos indivíduos que têm uma mesma formação ou configuração social" (Chartier, 1996, p.217), permitindo perceber com maior clareza as relações entre, de um lado, as percepções e as representações dos sujeitos, e de outro, as determinações e interdependências que formam os laços sociais.

Esses parâmetros apresentaram-se condizentes às expectativas desse estudo, uma vez que os professores se constituem como um grupo de indivíduos interdependentes, imerso em determinadas configurações, numa rede de relações que as pessoas constroem entre si (Elias, 1980).

Essa abordagem, explorada por meio da oralidade, é um:

> [...] método de pesquisa que produz uma fonte especial, tem-se revelado um instrumento importante no sentido de possibilitar uma melhor compreensão da construção das estratégias de ação

A FORMAÇÃO CONTINUADA SOB ANÁLISE DO PROFESSOR ESCOLAR **19**

e das representações de grupos ou indivíduos em uma dada sociedade. (Ferreira, M., 1994, p.12)

Rémond (1996) evidencia que na produção de temáticas contemporâneas o pesquisador deve estar atento às mudanças, acolher novos temas e utilizar-se da imaginação. Frequentar o tempo presente pode representar uma forma de precaução, um meio mais seguro do investigador se resguardar da tentação de introduzir no relato do passado uma racionalidade que não deveria conter: "a história do tempo presente é um bom remédio contra a racionalização *a posteriori*, contra as ilusões de ótica que a distância e o afastamento podem gerar" (Rémond, 1996, p.209).

## Técnicas de pesquisa

Conforme apontam Lüdke e André (1986, p.1), "para se realizar uma pesquisa é preciso promover o confronto entre os dados, as evidências, as informações coletadas sobre determinado assunto e o conhecimento teórico acumulado a respeito dele".

A partir das interrogações que o pesquisador faz aos dados, com base na teoria acumulada referente ao tema, é que se torna possível construir o conhecimento relacionado ao fato pesquisado (Lüdke; André, 1986). Para a presente pesquisa foram propostas, além da revisão da literatura, análises de fontes documentais e orais.

A literatura adotada versou sobre os temas da formação continuada de professores, compreendendo as tendências globais que envolvem essa prática, as análises das propostas políticas nacionais de formação, as principais características das ações desenvolvidas na atualidade e as mudanças almejadas por professores e pesquisadores do assunto.

A pesquisa documental consistiu na análise de fontes primárias de informações (leis, resoluções e pareceres), com o objetivo de contextualizar a política educacional em âmbito nacional, apresentando, em linhas gerais, um panorama atual dos referenciais nacionais de formação continuada de professores.

Conforme Caulley (1981) citado por Lüdke e André (1986, p.38) "a análise documental busca identificar informações factuais nos documentos a partir de questões ou hipóteses de interesse". Para as autoras, a fonte documental pode se apresentar como uma "técnica valiosa de abordagem de dados qualitativos, seja complementando as informações obtidas por outras técnicas, seja desvelando aspectos novos de um tema ou problema".

Não obstante, salienta Le Goff (1996, p.547-8) que:

> O documento não é inócuo. É antes de mais nada o resultado de uma montagem, consciente ou inconsciente, da história, da época, da sociedade que o produziram, mas também das épocas sucessivas durante as quais continuou a viver, talvez esquecido, durante os quais continuou a ser manipulado, ainda que pelo silêncio. O documento é uma coisa que fica, que dura, e o testemunho, o ensinamento (para evocar a etimologia) que ele traz devem ser em primeiro lugar analisados desmistificando-lhe o seu significado aparente.

Le Goff (1996) discute, também, o valor da memória destacando que a memória coletiva não é somente uma conquista, mas, sobretudo, um instrumento e objeto de poder. "A memória é um elemento essencial do que se costuma chamar *identidade*, individual ou coletiva, cuja busca é uma das atividades fundamentais dos indivíduos e das sociedades de hoje [...]", descreve o historiador (1996, p.476, grifo do autor).

Portanto, com a pretensão de deixar registrado como memória o momento histórico que vive um grupo de professores, trabalhou-se com fontes orais, dada a capacidade desse recurso em captar pontos de vista individuais expressos pelos sujeitos e em absorver elementos como a subjetividade, as emoções ou o cotidiano das pessoas. A fonte oral se legitima como uma fonte histórica por seu valor informativo e por incorporar perspectivas ausentes na literatura (Amado; Ferreira, 1996).

Para Meihy (2000) as fontes orais não devem ser consideradas somente como substitutivas da carência documental, mas

A FORMAÇÃO CONTINUADA SOB ANÁLISE DO PROFESSOR ESCOLAR    21

evidentemente podem complementar certos conjuntos documentais a fim de explicar percepções das experiências sociais de pessoas e de grupos.

Ao entender que essa era a técnica mais adequada para responder aos questionamentos propostos, recorreu-se aos depoimentos de um grupo de professores na tentativa de apreender os significados que estes associam à formação continuada, tendo encontrado nos caminhos metodológicos traçados a potencialidade para a elucidação do problema de pesquisa. Os relatos, então, foram transformados em documentos, privilegiando a experiência manifestada pelos depoentes. Como bem elucida Thompson (1992), a coleta de depoimentos pode servir para dar voz a atores sociais.

A coleta das fontes orais se deu por meio da entrevista semiestruturada, considerada por Tourtieu-Bonazzi (1996) uma técnica intermediária entre um monólogo de uma testemunha e um interrogatório direto. Segundo o autor, para a exploração inteligente do testemunho oral é necessário coletar os dados sistematicamente, considerando a seleção dos depoentes, o lugar e o roteiro da entrevista.

Amado e Ferreira (1996) complementam que os documentos gerados (as entrevistas) são resultados da interação entre entrevistador e entrevistado, entre o sujeito e o objeto de estudo, e isso faz com que o pesquisador se afaste de interpretações que venham a separar rigidamente sujeito e objeto de pesquisa.

Para a realização da pesquisa de campo foi explicado o objetivo da investigação aos participantes, que assinaram um termo de consentimento livre e esclarecido autorizando a publicação dos relatos fornecidos. Ficou assegurado o sigilo com relação à identificação dos sujeitos e a possibilidade do professor retirar-se do estudo, a qualquer momento, caso sentisse necessidade.

A validade do trabalho com fontes orais é questionada por investigadores que a consideram demasiadamente subjetiva e imprecisa. No entanto, Thompson (1992) argumenta que a subjetividade é um aspecto presente em toda fonte histórica. Apenas o fato de o documento ser escrito e oficial não o torna mais verdadeiro. Logo, toda fonte deve ser submetida a uma rígida crítica. Diante do mundo complexo e multifacetado da atualidade, uma abordagem que considere e valorize as informações adquiridas diretamente das testemunhas poderá refletir a realidade mais fielmente.

Enfim, como ressalta Le Goff (1996, p.477), "a memória, onde cresce a história, que por sua vez a alimenta, procura salvar o passado para servir o presente e o futuro. Devemos trabalhar de forma a que a memória coletiva sirva para a libertação e não para a servidão dos homens".

## Participantes do estudo e coleta dos depoimentos

O conjunto documental oral da pesquisa foi constituído pelos depoimentos de um grupo representativo de professores do ensino fundamental e médio, atuantes nas escolas públicas estaduais da cidade de Bauru (SP). As entrevistas foram realizadas no ano de 2009 em diferentes locais: nas escolas onde os professores atuam (antes ou depois da aula, em horários diferentes da jornada de trabalho escolar ou durante o Horário de Trabalho Pedagógico Coletivo/ HTPC) e até mesmo em outros locais de trabalho dos participantes. Esse aspecto denotou a disponibilidade e interesse dos depoentes que mesmo sobrecarregados com suas atividades dedicaram seu tempo, possibilitando o desenvolvimento dessa investigação. O importante foi por meio da elucidação e valorização das vozes de um grupo representativo de professores trazer para o debate questões consideradas emergentes para a profissão docente.

Quanto às características pessoais dos sujeitos participantes, foram entrevistados professores de ambos os sexos, com idades entre 26 e 63 anos. No grupo de interlocutores abordaram-se professores que estão em diferentes etapas da carreira docente (de professores iniciantes a professores experientes), tendo em vista que a formação do professor é entendida como um *continuum* que percorre toda a sua vida profissional (Ferreira, L., 2006; Günther; Molina Neto, 2000; Marcelo García, 1995; Pimenta, 2000; Rangel-Betti, 2001). Os professores foram formados na licenciatura entre os anos de 1973 e 2005.

A FORMAÇÃO CONTINUADA SOB ANÁLISE DO PROFESSOR ESCOLAR    23

Foram considerados, ainda, diferentes níveis de titulação: professores licenciados, pós-graduados *lato sensu* (especialistas) e *stricto sensu* (mestres). E quanto à experiência no magistério, esta variava entre dois anos e meio e trinta anos.

Contemplando essas características dos entrevistados objetivou--se ampliar as possibilidades de compreender como os professores estão compondo o quadro de sua vida profissional nos diferentes momentos da carreira, por meio da construção de suas interpretações em relação às necessidades, expectativas e descontinuidades com que se deparam no decorrer da sua formação contínua.

## Procedimentos para análise dos depoimentos

A etapa seguinte da investigação caracterizou-se em analisar todas as informações coletadas, que nas pesquisas qualitativas são volumosas, geralmente, e precisam ser organizadas e compreendidas. A análise dos relatos dos professores e dos documentos foi pautada pela discussão com o conteúdo estudado na revisão da literatura. Uma vez que "os fatos, os dados não se revelam gratuita e diretamente aos olhos do pesquisador" (Lüdke; André, 1986, p.4), a análise consistiu num processo contínuo, durante toda a investigação, procurando identificar as relações e os significados, sendo que a interpretação e o foco de análise foram sendo ajustados mutuamente no decorrer do estudo (Alves, 1991).

Atentando-se às explicações de Santos:

> A leitura de uma entrevista, de uma história de vida, ou de um conjunto de depoimentos não é tarefa simples. O ponto de partida é, necessariamente, a precisa delimitação de um problema de pesquisa. [...] No caso de trabalharmos com um conjunto de depoimentos, *é interessante perceber que cada um contribui com a pesquisa*, isolando acontecimentos ou indivíduos, complementando informações e, mais importante, *oferecendo os elementos necessários para a construção do contexto social ao qual a pesquisa se refere*. (Santos, A., 2005, p.6, grifos nossos)

Procurou-se não perder de vista as orientações acima, valorizando todos os entrevistados e suas manifestações, destacando o que cada um poderia trazer de contribuição para o objeto de estudo. O conjunto documental oral é elemento fundamental para compreender e registrar no tempo presente como o problema da formação continuada é enfatizado nas vozes de professores de um determinado grupo, bem como as configurações estabelecidas entre este grupo e os demais envolvidos na dinâmica da formação docente.

# 2
# A FORMAÇÃO CONTINUADA DE PROFESSORES: TENDÊNCIA INTERNACIONAL

O debate sobre as formas que vêm assumindo os processos de formação, a correspondência dos programas às necessidades e perspectivas dos professores, bem como à construção da profissão docente pelo professorado, caminha entrelaçado a um fator de grande relevância: o pano de fundo que determina a concepção de formação de professores, pois a tônica na formação docente não é um fenômeno regional ou pontual, mas global. E é esse pano de fundo que também vai determinar, na esfera pública, as políticas voltadas para a formação continuada.

Em face desse contexto, nesse capítulo são apresentadas as configurações da formação continuada de professores, considerando o cenário global da atualidade, abordando as lógicas que a orientam na esfera mundial.

Freitas (2003) corrobora que as perspectivas para a formação contínua precisam ser compreendidas à luz das políticas educacionais em curso desde a década de 90 no Brasil, considerando a subordinação do país às exigências dos organismos internacionais. Nas políticas atuais foram implementadas mudanças significativas com o objetivo de adequar a formação de professores e a educação básica às exigências demandadas pelas modificações no mundo do trabalho produtivo para o desenvolvimento do capitalismo na atualidade. Na conjuntura neoliberal, "a formação de professores ganha relevância por sua dimensão estratégica na formação das novas gerações" (Freitas, 2003, p.1100). Analisar as políticas e ações de formação continuada implica, antes de tudo, concebê-las como uma construção social. São fenômenos que estão configurados como campos de disputas nos quais exercem fortes influências os interesses políticos, os fatores econômicos, mercadológicos, sociais, culturais, científicos, os valores dos grupos envolvidos, entre outros.

A formação dos professores é um dos fatores mais relevantes para as discussões sobre a profissionalização docente e para a compreensão da situação atual da profissão de professor. Dentre os aspectos que envolvem esse fenômeno, um fator importante a ser considerado consiste em compreender que a formação de professores está configurada como uma tendência internacional, ligada às exigências dos organismos multilaterais, evidenciando a importância do desempenho do alunado para o crescimento econômico (Maués, 2003). Logo, o cenário educacional contemporâneo não pode ser compreendido criticamente sem uma análise mais ampla do contexto, incluindo os interesses em jogo que influenciam as propostas de reformas educativas, especialmente no que se refere à formação de professores, que tem sido bastante enfatizada nos últimos anos.

Um dos domínios a que os especialistas internacionais (Unesco, OCDE, União Europeia etc.) dedicam mais atenção é a formação inicial e continuada de professores (Nóvoa, 1999b) e as análises realizadas por alguns desses organismos parecem apontar para um só caminho: o sistema educacional precisa passar por uma reforma visando qualificar melhor as pessoas para enfrentarem um mundo mais competitivo, mais afinado com o mercado (Maués, 2003).

A luta por esse espaço tem atraído para a formação de professores um conjunto de instituições e de grupos científicos que nunca demonstraram grande interesse por esse campo e o resultado é a pobreza atual da maioria dos programas de formação, como se pode constatar nos países europeus, diz Nóvoa (1999b), uma vez que o sentido da reflexão experiencial e da partilha de saberes profissionais

A FORMAÇÃO CONTINUADA SOB ANÁLISE DO PROFESSOR ESCOLAR    27

estão se perdendo. As propostas investem nos sistemas de "'acreditação' (no caso da formação inicial) e nas lógicas de avaliação (no caso da formação continuada), arrastando uma concepção escolarizada da formação de professores" (ibidem, p.14).

Cabe aqui esclarecer, ainda que brevemente, que no século XXI, os conceitos globalização, neoliberalismo e Estado se fazem cada vez mais presentes, constituindo-se como elementos indissociáveis. Acentua-se a importância do cenário mundial para as questões locais, implicando lançar o olhar para as consequências da globalização sobre inúmeros fatores sociais, econômicos, políticos, culturais, educacionais – incluindo a formação docente – que não podem mais ser compreendidos dentro dos limites das fronteiras das nações. Entender as configurações existentes entre esses elementos é necessário para compreender os discursos e as ideologias dominantes.

Nas últimas décadas um dos fenômenos mais discutidos é o da globalização. E globalização neoliberal não é sinônimo de mundialização, como explica Charlot (2006, p.1):

> De certa maneira, ela é mesmo o inverso da mundialização. O que se está implantando hoje não é um espaço-mundo, e sim um conjunto de redes perpassadas por fluxos (de capitais, de informações, de populações). Os lugares que não encontram uma função nessas redes articuladas são pilhados ou abandonados à própria sorte – o símbolo desse abandono atualmente é o continente africano. A globalização não mundializa, mas constrói redes de potência e abandona as partes mundo que não são úteis a essas redes.

Embora na maioria dos discursos pareça transparecer uma ideia homogênea de globalização, analisá-la significa, primeiramente, atentar para a ausência de uma conceituação única para esse processo. A globalização configura-se como um campo de disputas e conflitos, o seu sentido é disputado, sendo constantemente ressignificado. Boaventura Santos (2002, p.55-6) esclarece que:

Aquilo que habitualmente designamos por globalização são, de facto, conjuntos diferenciados de relações sociais; diferentes conjuntos de relações sociais dão origem a diferentes fenómenos de globalização. Nestes termos, não existe estritamente uma entidade única chamada globalização; existem, em vez disso, globalizações; em rigor, este termo só deveria ser usado no plural. Qualquer conceito mais abrangente deve ser de tipo processual e não substantivo. Por outro lado, enquanto feixes de relações sociais, as globalizações envolvem conflitos e, por isso, vencedores e vencidos.

O processo que estamos vivenciando manifesta muitas contradições, mas, evidentemente, como elucida Boaventura Santos (2002, p.56), "o discurso sobre globalização é a história dos vencedores contada pelos próprios". O sociólogo, portanto, analisa a globalização para além do reducionismo ao aspecto econômico, abrangendo também o ponto de vista sociopolítico-cultural, pois considera que estamos perante um fenômeno multifacetado que engloba diferentes dimensões interligadas de modo complexo, como as dimensões econômicas, sociais, políticas, culturais, religiosas e jurídicas. Diante disto, é inadequado apoiar-se em explicações monocausais e em interpretações monolíticas. Longe de ser consensual, a globalização é "um vasto e intenso campo de conflitos entre grupos sociais, Estados e interesses hegemónicos, por um lado, e grupos sociais, Estados e interesses subalternos, por outro" (Santos, B., 2002, p.27). Na medida em que a globalização (ou as globalizações) se transforma num campo de contestação social e política,

> Se para alguns ela continua a ser considerada como o grande triunfo da racionalidade, da inovação e da liberdade capaz de produzir progresso infinito e abundância ilimitada, para outros ela é anátema já que no seu bojo transporta a miséria, a marginalização e a exclusão da grande maioria da população mundial, enquanto a retórica do progresso e da abundância se torna em realidade apenas para um clube cada vez mais pequeno de privilegiados. (Santos, B., 2002, p.53)

A FORMAÇÃO CONTINUADA SOB ANÁLISE DO PROFESSOR ESCOLAR    29

Entretanto, vivendo nesse mundo globalizado, é preciso entender, como menciona Bueno (2008),1 que na atualidade todos os países estão envolvidos com a dinâmica das reformas educativas e a questão da formação de professores assume uma centralidade no debate educacional. As reformas apresentam traços comuns e modelos migram de um país para outro, não se sabendo exatamente em que país eles se originaram.

Por essa razão, é possível falar em tendências atuais globais no campo educativo e na área da formação docente. E, para a autora, existe uma grande tendência nas reformas da educação: a formação continuada de professores. Afirma Maués (2003) que a formação contínua integra praticamente todas as reformas educacionais em curso.

No passado, o curso normal ou a graduação eram suficientes para que os professores realizassem seu trabalho. A profissão docente tinha uma relativa estabilidade, e os professores sentiam-se realizados e viviam um tempo que não mudava como o de hoje. As características da escola, dos currículos, das gerações etc., não se alteravam com tanta rapidez. Um professor não dependia de cursos o tempo todo que lhe dessem suporte para o exercício da sua atividade após o término do curso normal ou de um curso superior.

Mas, atualmente, os processos e as mudanças são tão complexos e rápidos que impedem que um profissional esteja munido de todo o conhecimento necessário para lecionar, durante toda a carreira, apenas com o curso de formação básica, sendo necessário recorrer à formação continuada (Bueno, 2008).

De fato, pôde-se observar nas entrevistas com os professores dessa pesquisa esse sentimento de necessidade de atualização constante por conta dos desafios da modernidade, como ilustra o relato abaixo de uma docente:

---

1 Palestra proferida pela professora Belmira Bueno intitulada *"Tendências atuais da formação de professores: novas configurações, novos desafios"*, durante o III INTEGRAP realizado no Instituto de Biociências da Unesp Campus de Rio Claro, SP, Brasil, em 10 de outubro de 2008.

[...] o professor, ele tem que estar apto a querer novidades, a querer mudança, a querer mudar talvez o seu jeito de dar aula porque o tempo vai passando e a gente tem que se adequar à modernidade, se adequar à realidade [...].

Todos os professores revelaram a preocupação em permanecer em formação. Um deles citou que o professor "tem que estar sempre procurando, buscando cursos. Não só a gente, acho que as instituições que a gente trabalha têm que investir um pouco nessa questão de formar o profissional", e finalizou: "acho que faz parte de quem é professor".

Para outro depoente, o professor "tem que procurar se aprofundar o mais possível em quase todas as matérias". Abordou, ainda, a importância da atualização referente aos conhecimentos técnico-específicos. Ainda, na visão de uma das professoras é preciso buscar "dentro de todas as possibilidades se aperfeiçoar e ter o conhecimento o tempo todo. Se ele parar [o professor], ele fica por fora do que está acontecendo".

Mas é preciso questionar quais traços estão assumindo os programas desenvolvidos e em que medida eles correspondem às demandas, às necessidades e às expectativas dos professores, alerta Bueno (2008).

Para a autora, na conjuntura atual a educação continuada é mais do que um projeto de formação: é um projeto econômico. Os programas são destinados a grandes massas de professores, delineando-se como um projeto de consumo. O Estado não tem condições de oferecer tal formação a esse contingente, sendo preciso a intermediação e a parceria para o seu planejamento e execução, que, nesse caso, se faz geralmente com grandes empresas de caráter privado.

Dessa forma, a educação continuada tornou-se um grande negócio. Corroborando com a autora, Nóvoa (1999b), Ferreira, N. (2003) e Maués (2003) atentam para o *mercado da formação* que se consolida na área educacional.

Ferreira (2003) ressalta que a formação contínua necessita ser repensada cotidianamente, justamente por ser uma categoria desse *mercado*. Assim, Bueno (2008) chama a atenção para a necessidade

A FORMAÇÃO CONTINUADA SOB ANÁLISE DO PROFESSOR ESCOLAR    31

de se tomar ciência da lógica que permeia essas propostas, parecendo ser mesmo a lógica do mercado (Ferreira, N., 2003).

Vale dizer que, para a autora, a perspectiva de formação continuada tem o seu mérito e se fará cada vez mais necessária, bem como lembra Ferreira, N. (2003) sobre a sua exigência devido aos avanços da ciência e da tecnologia processadas nas últimas décadas. Essa não é a questão. A questão é compreender e debater a sua lógica de desenvolvimento, considerando, inclusive, que essa é uma tendência tão marcante no contexto educacional atual que praticamente anula ou ignora a formação inicial.

Nos anos 1990, com o aprofundamento das políticas neoliberais, surgem novas formas de direcionamento dos recursos públicos devido aos ajustes estruturais (redução dos recursos destinados à educação e outras políticas sociais) e à privatização. Com isso, configura-se "o descompromisso do Estado para com o financiamento da educação para todos, em todos os níveis, revelando a subordinação do nosso país às exigências do Banco Mundial e à lógica do mercado" (Freitas, 2003, p.1097).

De acordo com Azevedo (2004), os neoliberais consideram o Estado como um grande problema (para o mercado) e que precisa ser abolido, pois atrapalha o desenvolvimento econômico mundial. Na abordagem neoliberal a intervenção estatal é coibidora da liberdade individual e as políticas sociais são "males" para os indivíduos e para a sociedade. Höfling (2001, p.37) diz que:

> Para os neoliberais, as políticas (públicas) sociais [...] são consideradas um dos maiores entraves [para o] desenvolvimento e responsáveis, em grande medida, pela crise que atravessa a sociedade. A intervenção do Estado constituiria uma ameaça aos interesses e liberdades individuais, inibindo a livre iniciativa, a concorrência privada, e podendo bloquear os mecanismos que o próprio mercado é capaz de gerar com vistas a restabelecer o seu equilíbrio. [...] o livre mercado é apontado pelos neoliberais como o grande equalizador das relações entre os indivíduos e das oportunidades na estrutura ocupacional da sociedade.

Contudo, a política educacional não é contagiada na mesma proporção que as demais políticas sociais (saúde, previdência, habitação, transporte, saneamento etc.), por ser considerada fator de equalização da sociedade – sendo superestimada, inclusive, sem considerar outros problemas estruturais. Dessa forma, os neoliberais propõem a divisão de responsabilidades entre o Estado o setor privado (Azevedo, 2004).

Para a visão neoliberal, o oferecimento de educação pública estatal a todos os cidadãos compromete as possibilidades de escolha, não estimula a competição entre os serviços oferecidos e, consequentemente, o padrão de qualidade (Höfling, 2001). Além disso, como afirma Apple (2003, p.44), nessa ideologia "o que é privado é necessariamente bom e o que é público é necessariamente ruim".

Para Höfling (2001) neste Estado de inspiração neoliberal as ações sociais referem-se a políticas compensatórias e focalizadas, para os que não usufruem do progresso social (em função da sua "capacidade" e de suas "escolhas individuais"). No entanto, tais ações não têm o poder de alterar as relações sociais estabelecidas – nem mesmo se propõem a fazê-lo, na maioria das vezes. E, na concepção de Höfling (2001, p.39):

> [...] uma administração pública – informada por uma concepção crítica de Estado – que considere sua função atender a sociedade como um todo, não privilegiando os interesses dos grupos detentores do poder econômico, deve estabelecer como prioritários programas de ação universalizantes, que possibilitem a incorporação de conquistas sociais pelos grupos e setores desfavorecidos, visando à reversão do desequilíbrio social.

Percebe-se no âmbito das reformas políticas, por um lado, a falta de comprometimento com a formação inicial e, por outro, a supervalorização da formação em serviço (Ferreira, N., 2003). Maués (2003) corrobora afirmando que a formação contínua contribui, em certo grau, para o aligeiramento formação inicial, além do fato de que muitos gestores interessados no novo mercado da formação,

A FORMAÇÃO CONTINUADA SOB ANÁLISE DO PROFESSOR ESCOLAR   33

para legitimar a formação continuada, exaltam as lacunas e deficiências da formação inicial, desmerecendo as instituições que as ministram. Fica evidente que não há políticas educacionais amplas de formação de professores, o que se tem na verdade são planos pontuais e de acordo com interesses momentâneos, tanto políticos quanto econômicos.

As reformas políticas têm, de modo geral, contemplado os elementos indicados pelos organismos internacionais (Sguissardi, 2000). Quanto à formação continuada, o objetivo é alinhar os professores em exercício com as políticas educacionais atuais. Numa análise contextualizada das propostas de formação contínua constata-se o seu caráter de acomodação e assimilação dos professores a uma sociedade voltada, cada vez mais, para o mercado. É preciso adaptar os docentes às exigências governamentais, que sinalizam para a necessidade de uma atualização frente ao novo mundo globalizado. Evidencia-se que a formação de professores está refém da lógica do capital, desvalorizando a formação do indivíduo como um ser crítico, situado historicamente (Maués, 2003).

Para Bruno (2006) a independência que caracterizou o Estado nacional na sua origem se perdeu, posto que hoje ele não é mais o vértice da estrutura de poder. Hoje tudo culmina no *mercado*. E nesta nova dinâmica do sistema capitalista,

> [...] la educación dejó de ser pensada como una cuestión nacional o hasta aún una cuestión restringida a bloques de países. Hoy la educación es pensada y planificada en términos mundiales, en consonancia con las necesidades de un capitalismo mundializado y profundamente desigual en términos de exigencias en lo que se refiere a la complejidad en que deberán estar formadas las nuevas generaciones, a los niveles salariales, a las condiciones de trabajo y a los tipos de conflictos que prevalecen en diferentes países y regiones del mundo. (Bruno, 2006, p.104)

Vivemos um momento em que a educação, em todos os seus aspectos, é assumida como mercadoria.

As reformas educacionais, a partir do final da década de 1980, partiram dos mesmos princípios: as mudanças econômicas impostas pela globalização, exigindo maior eficiência e produtividade dos trabalhadores, a fim de que eles se adaptem mais facilmente às exigências do mercado. Essas reformas apresentam um objetivo político bem definido, que envolve [...] tudo o que possa estar relacionado com o processo de ensino-aprendizagem. (Maués, 2003, p.94)

O mercado determina os caminhos que a educação deve seguir, desde os aspectos conceituais até as concepções metodológicas e pedagógicas, incluindo, obviamente, a formação de professores, considerada por alguns ministérios da educação como a segunda etapa das reformas educacionais, após o projeto de universalização do ensino fundamental (Maués, 2003).

Para Barroso (2005, p.741)

No domínio da educação, a influência das ideias neoliberais fez-se sentir quer por meio de múltiplas reformas estruturais, de dimensão e amplitude diferentes, destinadas a reduzir a intervenção do Estado na provisão e administração do serviço educativo, quer por meio de retóricas discursivas (dos políticos, dos peritos, dos meios de informação) de crítica ao serviço público estatal e de "encorajamento do mercado". Este "encorajamento do mercado" traduz-se, sobretudo, na subordinação das políticas de educação a uma lógica estritamente econômica ("globalização"); na importação de valores (competição, concorrência, excelência etc.) e modelos de gestão empresarial, como referentes para a "modernização" do serviço público de educação; na promoção de medidas tendentes à sua privatização.

Na concepção que permeia o neoliberalismo, ressalta Apple (2003, p.45), "o mundo é, em essência, um vasto supermercado. A 'liberdade de escolha do consumidor' é a garantia da democracia. Na verdade, a educação é vista apenas como mais um produto, como pão, carros e televisão". Sendo a educação um negócio, assim deve ser tratada: como qualquer outro negócio.

A FORMAÇÃO CONTINUADA SOB ANÁLISE DO PROFESSOR ESCOLAR    35

Assiste-se, por isso, à tentativa de criar mercados (ou quase-mercados) educativos transformando a ideia de "serviço público" em "serviços para clientes", onde o "bem comum educativo" para todos é substituído por "bens" diversos, desigualmente acessíveis. Sob a aparência de um mercado único, funcionam diferentes submercados onde os "consumidores" de educação e formação, socialmente diferenciados, vêm-lhes serem propostos produtos de natureza e qualidade desiguais. (Barroso, 2005, p.742)

Logo, para os professores, a formação continuada está tomando a forma de mais uma *mercadoria educativa*, uma vez que, fazendo uso das palavras de Barroso (2005, p.742) "depois do 'tudo Estado' passou-se para o 'tudo mercado'!".

São muitos os questionamentos possíveis acerca do poder que os Estados exerceriam num mundo cada vez mais ditado pelos interesses do capital e qual seria o seu papel nas relações internacionais e nos conflitos sociais enfrentados por tantas nações. E em meio a esses embates, o conflito (a interpenetração) público e privado subjaz toda política educacional. O ajuste estrutural a partir do neoliberalismo contempla recomendações de organismos financeiros internacionais como o Fundo Monetário Internacional (FMI), a Organização Mundial do Comércio (OMC) e o Banco Mundial (BM), gerando ações no âmbito das políticas públicas de diferentes áreas, incluindo a educacional evidentemente.

O documento do Banco Mundial (1995) *"La enseñanza superior: las lecciones derivadas de la experiencia"* examina as dimensões da crise da educação superior nos países em desenvolvimento, justificando-a pela diminuição dos recursos públicos e o seu uso ineficiente, como por exemplo, com a baixa relação entre estudantes e corpo docente e gastos não educacionais como moradia, alimentação e outros serviços para os estudantes.

Logo, o financiamento do Banco para a educação nos países em desenvolvimento está condicionado à aceitação e implementação das orientações-chave emanadas pelo órgão, como promover a diferenciação institucional, incentivando o desenvolvimento de instituições privadas, fornecer incentivos para as instituições públicas diversificarem suas fontes de financiamento; redefinir o papel do Estado, prestando especial atenção à autonomia e responsabilidade institucional, e adotar políticas que enfatizem a qualidade e a equidade, priorizando o ensino básico.

Argumenta-se que nos países em desenvolvimento o ensino superior não deve ter melhor direito de utilizar os recursos disponíveis para a educação, especialmente aqueles países que ainda não tenham atingido acesso, equidade e qualidade adequados nos níveis primário e secundário. Mas como melhorar a educação básica sem uma educação superior de qualidade? Que forme corpos docentes capazes de promover mudanças na educação básica? Essa fragmentação é inconsistente.

Enfim, é interessante refletir sobre a colocação de Dupas (2005, p.87), ao dizer que "as políticas e instituições utilizadas pelos países centrais nos seus estágios de desenvolvimento diferem significativamente das diretrizes que hoje eles recomendam – e frequentemente exigem – aos atuais países em desenvolvimento".

É importante salientar que todos os atuais países centrais recorreram ativamente a políticas industrial, comercial e tecnológica intervencionistas a fim de promover as indústrias nascentes, muitos deles com mais vigor do que os atuais países em desenvolvimento. Assim, o pacote de "boas políticas" atualmente recomendado, que enfatiza os benefícios do livre-comércio e de outras políticas do *laissez-faire*, conflita com a experiência histórica. (Dupas, 2005, p.90)

Visualiza-se a necessidade de uma mudança radical nos elementos que condicionam e vinculam a ajuda financeira dos organismos internacionais, como o FMI, o Banco Mundial e os governos dos países centrais, além das regras da OMC e de acordos multilaterais de comércio. Os países em desenvolvimento precisam ter chances de adotarem políticas e instituições que sejam mais apropriadas ao estágio em que estão para que cresçam mais rapidamente (Dupas, 2005). E isso inclui as ações políticas adotadas no campo educacional.

Gatti (2008, p.63) questiona

[...] se, na ordem dos valores, apenas os materiais e econômicos devem prevalecer nas perspectivas educacionais. Onde ficam as preocupações com a formação humana para uma vida realmente melhor para os humanos enquanto seres relacionais e não apenas como *homo faber*, como homem produtivo?

Maués (2003) observa que, contra a situação da educação como mercadoria e do papel que o professor deve desempenhar no mundo atual para o ajuste dos processos educativos ao modelo do capital, alguns movimentos sociais, sindicatos e a sociedade civil têm se organizado a procura de saídas e alternativas ao modelo neoliberal (ao modelo de globalização das desigualdades que aumentou a miséria, a marginalização, a exclusão...) em busca de caminhos para impedir uma completa mercantilização do ensino. E, nesse sentido, construir novos paradigmas de formação docente concebendo o professor como sujeito histórico, imerso nas transformações sociais, políticas, econômicas e culturais.

Cabe ponderar que são muitos os fatores que configuram, condicionam a profissão docente, a ação pedagógica e o desenvolvimento da profissionalidade do professor. Afinal, este está envolvido em contextos complexos, em teias de interdependência que dão origem a configurações das mais variadas (Elias, 1980). Assim, após destacar a tendência internacional que perpassa a formação continuada de professores, no próximo capítulo são abordados os referenciais nacionais destinados à formação continuada de professores na atualidade.

# 3
## REFERENCIAIS NACIONAIS PARA A FORMAÇÃO CONTINUADA DE PROFESSORES: PANORAMA DO CENÁRIO BRASILEIRO

A discussão no campo da formação continuada articula-se com as políticas educacionais em curso desde a década de 90 no Brasil, como ressaltou Freitas (2003), considerando as relações entre o país e as exigências dos organismos internacionais.

Neste capítulo são analisados os documentos oficiais que delineiam a formação continuada no cenário brasileiro, tendo como fonte de dados a LDBEN 9.394/96 (Brasil, 1996), os Referenciais para Formação de Professores (Brasil, 2002a), o Programa de Desenvolvimento Profissional Continuado – Parâmetros em Ação (Brasil, 1999), a Rede Nacional de Formação Continuada de Professores (Brasil, 2004), a Lei n.11.502 (Brasil, 2007) que originou a chamada Nova Capes e as Diretrizes Curriculares Nacionais Gerais para a Educação Básica – Parecer CNE/CEB 7/2010 (Brasil, 2010a) e Resolução CNE/CEB 4/2010 (Brasil, 2010b).

A promulgação da Lei de Diretrizes e Bases da Educação Nacional, a LDBEN 9.394 em 1996 (Brasil, 1996) impulsionou as ações políticas de formação continuada de professores. Como ressalta Gatti (2008, p.64), a nova LDB "veio provocar especialmente os poderes públicos quanto a essa formação. A lei reflete um período de debates sobre a questão da importância da formação continuada e trata dela em vários de seus artigos". Assim, expandiu-se de forma exponencial a oferta de programas ou cursos de educação continuada a partir desse período.

A formação docente (inicial e continuada) é tratada na LDBEN no Título VI – *Dos profissionais da educação*. O § 1º do artigo 62 (incluído em 2009 pela Lei n.12.056/09) versa sobre o papel da União, Distrito Federal, Estados e Municípios que, em regime de colaboração, deverão promover a formação inicial, a continuada e a capacitação dos profissionais de magistério. Enquanto que o artigo 63, inciso III, define que os Institutos Superiores de Educação deverão manter programas de educação continuada para os profissionais da educação dos diversos níveis. Já o artigo 67 traz que os sistemas de ensino deverão promover a valorização dos profissionais da educação por meio do aperfeiçoamento profissional continuado, e propõe, inclusive, o licenciamento periódico remunerado para esse fim (inciso II).

Porém, esta parece não ser a realidade do cotidiano escolar dos professores entrevistado, como se constatou nos relatos: "Você não pode sair da escola! Eles não oferecem pra você, e quando você tem alguma coisa, você não pode, você fica obrigado com a escola. Ou você perde o dia de serviço ou você perde o curso [...]".

Já outro professor contou que na escola onde trabalha atualmente, a direção adota as providências para que ele participe de práticas de formação (quando solicitado por ele), mas deixou claro que é uma exceção da sua escola e que dificilmente isso ocorre em outras unidades.

[...] preciso fazer um curso, libera sem problema, coloca outra pessoa pra tomar conta, eu não perco o dia, entendeu. Então, assim, o que essa escola puder fazer e acertar para que eu possa ter condições de trabalhar ou fazer outra coisa, perfeito, perfeito. Não são todas as escolas, tá, eu estou falando dessa escola aqui.

Tratando da educação à distância (EAD), o artigo 80 da LDBEN define que o poder público deve incentivar o desenvolvimento e a veiculação de programas de formação nesse formato também

A FORMAÇÃO CONTINUADA SOB ANÁLISE DO PROFESSOR ESCOLAR    41

para a educação continuada, além dos outros níveis e modalidades de ensino. E, ainda fazendo referência à EAD, o artigo 87 em seu parágrafo 3º, inciso III, determina que o Distrito Federal, Estados e Municípios, e, supletivamente, a União, devem realizar programas de capacitação para os professores em exercício inclusive por meio desse recurso (Brasil, 1996).

Posteriormente à promulgação da LDBEN foram elaboradas diretrizes com o objetivo de subsidiarem o desenvolvimento de ações de formação continuada nas secretarias estaduais e municipais de educação.

O MEC apresentou os *Referenciais para Formação de Professores* (Brasil, 2002a) que teve sua primeira versão tornada pública no ano de 1997. No documento, constata a necessidade de investimento na formação dos professores como uma medida emergente na busca da superação do fracasso dos alunos. Embora constate que o professor não é o único ou o principal responsável pelo insucesso escolar, indica que ele é "[...] imprescindível para a superação de parte dos problemas educativos" (Brasil, 2002a, p.33).

Compreende que "a formação de professores é um requisito fundamental para as transformações que se fazem necessárias na educação" (Brasil, 2002a, p.34), bem como para a atualização constante diante das rápidas mudanças da sociedade. Assim sendo, além da formação inicial, a formação continuada é uma necessidade intrínseca na área educacional e deve fazer parte de um processo permanente de desenvolvimento profissional, assegurado a todos os profissionais da educação.

Ao tratar das políticas de formação no que cabe às secretarias de educação, o documento aponta algumas das responsabilidades que essas instâncias devem assumir, enfatizando "a criação de condições para que a formação continuada possa ocorrer dentro da jornada regular de trabalho dos profissionais da educação, sem prejuízo das horas de docência" (Brasil, 2002a, p.135-6).

O MEC propôs o programa de desenvolvimento profissional continuado por meio do projeto *Parâmetros em Ação* (Brasil, 1999). Desenvolvido em parceria com as secretarias estaduais e municipais, visa propiciar a aprendizagem coletiva na escola e o aprofundamento dos estudos referentes aos Parâmetros Curriculares Nacionais (PCNs) de modo que novas possibilidades de trabalho sejam criadas para melhorar a qualidade da aprendizagem dos alunos.

A criação de mais um programa se deu no ano de 2004, quando foi instituída pelo MEC a *Rede Nacional de Formação Continuada de Professores* (Brasil, 2004). A rede é formada por instituições de ensino superior (IES) públicas, federais e estaduais, e comunitárias sem fins lucrativos, constituindo Centros de Pesquisa e Desenvolvimento da Educação. Em parceria com outras instituições de ensino, estes centros produzem materiais instrucionais e de orientação para cursos à distância e semipresenciais, formando uma rede de atuação para atender as necessidades e as demandas dos sistemas de ensino (estaduais e municipais).

O MEC define os seguintes princípios para a Rede:

- a formação continuada é exigência da atividade profissional no mundo atual;
- deve ter como referência a prática docente e o conhecimento teórico;
- vai além da oferta de cursos de atualização ou treinamento;
- para ser continuada deve integrar-se no dia-a-dia da escola;
- é componente essencial da profissionalização docente.

De acordo com o MEC, o suporte técnico e financeiro para as atividades da rede é oferecido pelo Ministério, além de coordenar o desenvolvimento do programa, que Estados, Municípios e Distrito Federal implementam por adesão, em regime de colaboração (Brasil, 2004).

Mas, ainda que no documento da Rede Nacional de Formação Continuada de Professores (Brasil, 2004) conste que o suporte técnico e financeiro para a formação contínua é oferecido pelo MEC, muitos professores buscam o seu aprimoramento frequentando cursos e/ou outras atividades custeados com recursos próprios. Assim destacou uma professora:

A FORMAÇÃO CONTINUADA SOB ANÁLISE DO PROFESSOR ESCOLAR   43

[...] o que eu tenho sentido é que os órgãos públicos não oferecem isso, então, a gente fica aquém e a gente tem que buscar pessoalmente, né, cada profissional tem que correr atrás. Então, assim, eu tento fazer isso, mas eu sinto que muitos professores não conseguem fazer por *n* motivos. Ou por falta financeira, de recurso financeiro, ou porque não se interessa mesmo, acha que está bom, tudo está bom, não precisa, só porque está no contexto escolar, ou porque, às vezes, um curso interessante é longe, vai custar tempo e dinheiro. Então, tem vários fatores que prejudicam o acesso desses professores.

No depoimento de outro professor também houve a alusão à dificuldade financeira para envolver-se em práticas de formação constantemente:

Se eu quiser alguma coisa eu tenho que correr atrás, tá. É... até pouco tempo atrás, cinco anos atrás eu corria atrás, fazer tudo, fazer cursos, entendeu. Hoje, já não consigo mais fazer isso por questão apenas financeira, tá. Então, eu acho que ficou um pouquinho pra traz, eu fiquei, né, pra traz, porque hoje eu não consigo mais bancar os cursos. Queira ou não a profissão hoje está... o Estado está pagando muito mal e a Prefeitura também mal, então, eu não tenho mais condições de bancar isso, entendeu. Mas eu acho excelente, seu eu pudesse fazer, continuar, entendeu, faria direto.

Todo professor deve "sempre buscar conhecimento, procurar ler, fazer cursos". Mas, acrescentou esse professor que apesar de considerar essa postura a ideal, "nem tudo é possível fazer: pelo tempo, não dá, pelo custo, não dá".

Para um professor a dificuldade dos professores para participarem em atividades formativas pode ser exemplificada localmente:

[...] aqui em Bauru, o que tem geralmente é particular. Então, seria ótimo fazer, mas o custo impede muito a gente de fazer. Professor do Estado não ganha bem. [...] se você for ver pra [...] investir nele fica muito difícil, ele tem que largar algumas coisas, os gastos básicos pra fazer um curso. E se tiver, por exemplo, na Unesp, às vezes pode até ter, mas não chega pra gente, né, se tiver alguma coisa não chega. Então, acaba não fazendo.

A decadência dos salários dos professores é tida, provavelmente, como o fator mais decisivo ao se tratar do processo de declínio da ocupação docente. A desvalorização financeira representa uma perda de dignidade e de respeito para uma categoria profissional. No Brasil, esta realidade causa ainda mais espanto ao compará-la com a situação de outros países, uma vez que aqui, além dos salários serem menos dignos, apresentam disparidade entre os níveis de ensino e as regiões do país (Lüdke; Boing, 2004).

A desvalorização financeira foi bastante criticada pelos entrevistados, aparecendo nos depoimentos como um dos principais motivos que impedem o professor de envolver-se com práticas de formação e, como consequência, de buscar constantemente seu aprimoramento profissional. O dilema pode ser observado também na fala: "quem precisa da profissão, dos 'caraminguados' [...] acaba deixando, às vezes, de fazer um curso, de ir se atualizando por isso".

Embora os professores reconheçam a importância de manterem-se em formação, poucos têm condições de participar de ações dessa natureza com frequência, devido aos fatores impeditivos acima explicitados.

Observa-se, nos últimos anos, uma nova configuração em termos normativos sendo delineada para a formação de professores no Brasil. O governo federal transformou em 2007 a Coordenação de Aperfeiçoamento de Pessoal de Nível Superior (Capes) em agência reguladora da formação de professores, em suas diferentes etapas – inicial e continuada – criando a chamada *Nova Capes*. De acordo com a Lei n.11.502 (Brasil, 2007), agora além de subsidiar o MEC nas políticas de pós-graduação,

§ 2º No âmbito da educação básica, a Capes terá como finalidade induzir e fomentar, inclusive em regime de colaboração com os Estados, os Municípios e o Distrito Federal e exclusivamente

A FORMAÇÃO CONTINUADA SOB ANÁLISE DO PROFESSOR ESCOLAR    45

mediante convênios com instituições de ensino superior públicas ou privadas, a formação inicial e continuada de profissionais de magistério, respeitada a liberdade acadêmica das instituições conveniadas [...].

Com a criação da Nova Capes, o MEC incorpora a Universidade Aberta do Brasil (UAB), definindo ainda no parágrafo 2° que "II – na formação continuada de profissionais do magistério, utilizar-se-ão, especialmente, recursos e tecnologias de educação à distância" (Brasil, 2007).

Mais recentemente, em 2010, foram estabelecidas as *Diretrizes Curriculares Nacionais Gerais para a Educação Básica*, por intermédio do Parecer CNE/CEB 7/2010 (Brasil, 2010a) e da Resolução CNE/CEB 4/2010 (Brasil, 2010b). As diretrizes têm por objetivo, entre outros,

> III – orientar os cursos de formação inicial e continuada de docentes e demais profissionais da Educação Básica, os sistemas educativos dos diferentes entes federados e as escolas que os integram, indistintamente da rede a que pertençam. (Brasil, 2010b)

O capítulo IV – *O professor e a formação inicial e continuada*, do título VII – *Elementos constitutivos para a organização das diretrizes curriculares nacionais gerais para a educação básica*, é dedicado à formação docente. O artigo 56, § 1°, prevê que as escolas de formação (inicial e continuada) dos profissionais da educação, sejam gestores, professores ou especialistas, deverão incluir em seus currículos e programas o conhecimento da escola como organização complexa, cuja função consiste na promoção da educação para e na cidadania; a pesquisa, a análise e a aplicação dos resultados de investigações; a participação na gestão de processos educativos e na organização e funcionamento de sistemas e instituições de ensino; a gestão democrática, enfatizando a construção do projeto político-pedagógico pelo trabalho coletivo e como responsabilidade de todos os que compõem a comunidade escolar.

# 46 FERNANDA ROSSI – DAGMAR APARECIDA CYNTHIA FRANÇA HUNGER

Os programas de formação inicial e continuada devem preparar os profissionais da educação, de acordo com o artigo 57 § 2º, para:

a) além de um conjunto de habilidades cognitivas, saber pesquisar, orientar, avaliar e elaborar propostas, isto é, interpretar e reconstruir o conhecimento coletivamente;
b) trabalhar cooperativamente em equipe;
c) compreender, interpretar e aplicar a linguagem e os instrumentos produzidos ao longo da evolução tecnológica, econômica e organizativa;
d) desenvolver competências para integração com a comunidade e para relacionamento com as famílias. (Brasil, 2010b)

O artigo 58 reforça que a formação inicial não esgota o desenvolvimento dos conhecimentos, saberes e habilidades referidas, devendo, portanto, ser contemplados programas de formação continuada no projeto político-pedagógico (Brasil, 2010b).

Por intermédio dos relatos dos professores participantes da pesquisa pôde-se constatar, ainda, que parte das atividades frequentadas por alguns deles foram ofertadas por instituições privadas. Freitas (2002) menciona que na medida em que a formação em serviço da maioria dos professores se transforma num lucrativo negócio para o setor privado, deixando de ser vista como política pública de responsabilidade do Estado neoliberal, esta dimensão da profissão docente tem sua relação invertida:

Defendida pelos educadores como *dever do Estado* e das instituições contratantes – públicas e privadas – e *direito dos professores*, nas políticas educacionais atuais tal formação tem essa relação invertida. No quadro da responsabilização individual pelo aprimoramento da formação, esta deixa de fazer parte de uma política de valorização do magistério para ser entendida como um *direito do Estado* e um *dever dos professores*. (Freitas, 1999 citada por Freitas, 2002, p.149, grifos da autora)

A FORMAÇÃO CONTINUADA SOB ANÁLISE DO PROFESSOR ESCOLAR **47**

Os entrevistados relataram a ausência do Estado na promoção de ações de formação efetivas, como ressaltou um deles, que embora tenha participado de algumas ações realizadas pelo governo, "nem a escola, nem o Estado" investem na formação do professor. Citou que "não tem essa atenção que eu acho que [...] o Estado deveria dar, que a Secretaria deveria dar para o profissional".

Outro professor ainda explicou que além de não serem promovidos programas de formação orientados para os professores (via Diretoria de Ensino), o sistema estadual faz inúmeras cobranças aos professores: "o Estado fica assim: 'você tem que fazer isso, não faz aquilo, não sei o que lá', só que daí ele não te proporciona condições pra você fazer". Tal relato acabou por contrariar o texto contido nos Referenciais para a Formação de Professores (Brasil, 2002a) ao indicar que, dentre outras funções, o sistema escolar deve oferecer condições para que todo professor continue aprendendo durante seu processo de desenvolvimento profissional.

Uma entrevistada ainda chamou a atenção para a postura a ser adotada pelo professor no que se refere a sua formação: "na esfera pública, no Estado, [...] faz [...] uns três, quatro anos que a gente não vê nada de capacitação. Então, quer dizer, fica muito no professor, ele ir atrás e buscar". Mas, "se a gente for esperar o Estado, a gente [...] acaba não fazendo nada. Então, tem que ser também um compromisso do professor tentar ir buscar".

Todavia, foi enfatizado que na sua trajetória de formação não é possível destacar o papel do Estado: "eu busco pela minha própria... por minha própria vontade".

Para Gatti (2008), a ênfase na formação continuada não é gratuita. Está baseada nos desafios da sociedade contemporânea relacionados ao ensino, ao currículo, ao crescente acolhimento de crianças e jovens no sistema educacional, às dificuldades diárias enfrentadas por gestores e professores. Tais problemas, constatados pelas pesquisas, levaram a criação do discurso da necessidade de atualização e de renovação dos professores.

E, para os professores, as mudanças em curso repercutem em novas exigências, como afirma Bueno (2007), que se dão, sobretudo, na sua capacidade para enfrentar as urgências do presente e as demandas do futuro. Tais exigências têm estabelecido a formação de um profissional com um novo perfil baseado na tríade dos planos pessoal, intelectual e profissional.

No *plano pessoal* é esperado que os professores sejam receptivos à diversidade e às inovações, sensíveis às dificuldades e necessidades dos alunos e comprometidos com o seu êxito; no *plano intelectual*, os professores devem portar uma sólida formação científica e cultural, dominar a língua materna e as novas tecnologias; e, no *plano profissional*, serem capazes de articular os conteúdos curriculares de sua disciplina com outros conhecimentos, trabalhar em equipe e, ainda, assumir a gestão de seu próprio desenvolvimento profissional. Isto requer que os professores sejam capazes de aprender a aprender, de saber fazer e refletir sobre o que fazem.

Conclui a autora, que esse novo perfil requerido ultrapassa simplesmente a apreensão de conhecimentos, pois implica numa mudança de *habitus* do professor, uma nova maneira de ser e pensar o mundo, a fim de corresponder ao horizonte de expectativas traçado com os processos de transformação.

O conceito de *habitus*, citado por Bueno (2007), na definição de Bourdieu (2004, p.158) "é ao mesmo tempo um sistema de esquemas de produção de práticas e um sistema de esquemas de percepção e apreciação das práticas. E, nos dois casos, suas operações exprimem a posição social em que foi construído". Pretende o sociólogo com esse conceito compreender a ordem social transcendendo a oposição entre a subjetividade (para a qual essa ordem é produto consciente e intencional do indivíduo) e a objetividade (que tende a ver a ordem social como uma realidade externa ao sujeito, que determina as ações individuais inflexivelmente). Busca, portanto, reconciliar o ator social ou agente com a estrutura social, já que a percepção do mundo é produto de uma dupla estruturação: do lado objetivo e do lado subjetivo.

Nenhum indivíduo é inteiramente autônomo, as possíveis singularidades individuais estão sempre enraizadas nas figurações sociais e vice-versa (Leão, 2007), sendo que as pessoas modelam

A FORMAÇÃO CONTINUADA SOB ANÁLISE DO PROFESSOR ESCOLAR    49

as suas ideias sob todas as suas experiências. Nesse sentido, Elias (1994) ao desenvolver a reflexão em torno do conceito de *habitus*, menciona que os indivíduos, ao relacionarem-se uns com os outros, ao mesmo tempo em que modelam a sociedade, modelam-se a si próprios. Os empreendimentos individuais não ocorrem num vazio de determinações sociais. O indivíduo porta em si o *habitus* de um grupo. Esse *habitus* representa o que a pessoa individualiza em maior ou menor grau.

O conceito de *habitus* favorece esquivar-se de colocações como "ou isto/ou aquilo" na relação indivíduo-sociedade, facilitando a compreensão de que essa antítese é enganadora. "Esse *habitus*, a composição social dos indivíduos, como que constitui o solo de que brotam as características pessoais mediante as quais um indivíduo difere dos outros membros de sua sociedade" (Elias, 1994, p.150).

Assim sendo, os professores formam seus esquemas de percepção e apreciação do mundo e produzem suas práticas através da experiência adquirida numa determinada posição social, e suas ações exprimem, ao mesmo tempo, a posição social em que estão inseridos.

Gatti (2003, p.196) chama a atenção para a compreensão dos docentes como seres psicossociais. Por isso,

> É preciso ver os professores não como seres abstratos, ou essencialmente intelectuais, mas, como seres essencialmente sociais, com suas identidades pessoais e profissionais, imersos numa vida grupal na qual partilham uma cultura, derivando seus conhecimentos, valores e atitudes dessas relações, com base nas representações constituídas nesse processo que é, ao mesmo tempo, social e inter-subjetivo. Há também que se considerar o papel de eventos mais amplos, sejam sociais, políticos, econômicos ou culturais, com seus determinantes que perpassam a vida grupal ou comunitária. Sabemos que a interação desses fatores molda as concepções sobre educação, ensino, papel profissional, e as práticas a elas ligadas, concepções e práticas estas que, por sua vez, são estruturalmente delimitadas pela maneira que as pessoas se veem, como estruturam

50 FERNANDA ROSSI – DAGMAR APARECIDA CYNTHIA FRANÇA HUNGER

suas representações, como se descrevem, como veem os outros e a sociedade à qual pertencem.

Como citado anteriormente, não há no Brasil uma política ampla de formação de professores (Maués, 2003). Contudo, como entende Freitas (2002) "a formação continuada é uma das dimensões importantes para a materialização de uma *política global para o profissional da educação*" (p.148, grifos da autora). A formação continuada, articulada à formação inicial e às condições adequadas de trabalho, salário e carreira, deve ser concebida como a:

> [...] continuidade da formação profissional, proporcionando novas reflexões sobre a ação profissional e novos meios para desenvolver e aprimorar o trabalho pedagógico; um processo de construção permanente do conhecimento e desenvolvimento profissional [...]. (Anfope, 1998 citado por Freitas, 2002, p.149)

Nessa direção, os discursos dos depoentes revelaram uma necessidade iminente de políticas públicas efetivas para a formação de professores, como pôde ser elucidado abaixo:

> [...] não depende só da gente. Depende sim, praticamente da gente, mas precisaria de uma formação mais, assim, concreta das pessoas responsáveis pela gente. Então, uma formação talvez ou pela Diretoria de Ensino ou por outros lugares, além da gente buscar formação, a gente precisaria de uma disponibilidade de tempo porque a gente, a gente... professor não ganha tão bem, então, a gente precisa trabalhar os dois períodos por completo e mais as coisas que a gente faz em casa pra aula. Então, eu acho que falta assim, de repente, pegar um dia de curso, tirar da sala de aula mesmo e pegar um dia de curso, ter esse amparo com as autoridades que são responsáveis pela gente.

Essa incursão representou um esforço em abordar o fenômeno da formação continuada de professores contemplando a sua complexidade, ao demonstrar o seu espaço na agenda política da educação nacional na tentativa de delinear os contornos em que os professores estão (re)construindo sua profissionalidade docente. Sem perder de vista essas questões que compõem o quadro em que se inscreve a formação continuada, buscou-se, a seguir, explorar como as ações de formação contínua se apresentam no tempo presente e os desafios a serem superados, vislumbrando novas configurações de formação que correspondam efetivamente às necessidades do desenvolvimento profissional dos professores e à transformação da prática pedagógica no cotidiano escolar.

# 4
# As ações de formação continuada: contextos e perspectivas docentes

Sabe-se que tecer reflexões a respeito de tudo o que envolve o professorado requer a análise dos diversos fatores que permeiam a profissão docente. Como bem sinaliza Nóvoa (1999a, p.21), "a compreensão contemporânea dos professores implica uma visão multifacetada que revele toda a complexidade do problema". No entanto, destaca-se a importância do fenômeno da formação docente nesse contexto, pois como afirma o autor, "[...] a formação de professores é, provavelmente, a área mais sensível das mudanças em curso no sector educativo: aqui não se formam apenas profissionais; aqui produz-se uma profissão" (ibidem, p.26).

Ao longo das últimas décadas tem se observado em âmbito mundial um significativo aumento nas preocupações relativas ao processo de profissionalização docente, situando a própria formação como eixo principal desse contexto. O professorado vem ocupando uma posição de destaque no debate educacional contemporâneo, assumindo uma nova "centralidade" nos discursos políticos e sociais para a construção da "sociedade do futuro" (Nóvoa, 1999b, p.13). A formação de professores assume uma função central nas políticas educacionais, uma vez que as reformas perpassam a formação de seu principal agente. Porém, o que se nota no contexto atual da profissão é que as práticas, por vezes, não condizem com os discursos e o professorado está imerso, em muitas situações, em processos contraditórios.

Os dilemas postos para a profissão na atualidade constituem, ao mesmo tempo, um movimento de profissionalização e proletarização na docência. Embora os discursos apontem para a evolução da profissionalização no ensino, é verificado um processo de desprofissionalização, especialmente pelas precárias condições de trabalho, o professor no papel de executor, sendo deslegitimado como produtor de saberes, o problema da remuneração insuficiente e a perda de prestígio social. Fatores estes que geram a diminuição de sua autonomia e vão degradando o seu estatuto profissional.

Os estudos de Nóvoa (1999a) mostram que no início do século XX, ao delinear-se o perfil do professor profissional, a sociedade passa a reconhecê-lo como o agente de transformação, depositário de expectativas para o alcance dos novos anseios sociais. Em trabalho mais recente (Nóvoa, 1999b, p.13) ao discutir a situação do professorado na virada do milênio, o autor visualiza que atualmente "há uma retórica cada vez mais abundante sobre o papel fundamental que os professores serão chamados a desempenhar na construção da 'sociedade do futuro'".

O professor está no centro das preocupações políticas e sociais que apontam para o papel relevante (ou primordial) que ele deve assumir, ou seja, a responsabilidade social pela construção do futuro: seja para formar recursos humanos para o crescimento econômico do país, seja para formar as gerações do século XXI, seja para formar os jovens para a sociedade da informação e da globalização ou ainda por qualquer outra razão (Nóvoa, 1999b).

Ao encontro dessa ideia, Gimeno Sacristán (1999) salienta que no discurso social e pedagógico dominante existe uma hiper--responsabilização dos professores para com a prática pedagógica e a qualidade do ensino. Esta situação reflete a realidade de um sistema escolar centrado na figura do professor.

Subjacente a esta centralidade está a ausência de respostas para os problemas sociais, de forma que a atenção de políticos e da sociedade volta-se para os professores como um "efeito desresponsabilizador"

A FORMAÇÃO CONTINUADA SOB ANÁLISE DO PROFESSOR ESCOLAR   55

no que cabe a essas esferas (Nóvoa, 1999b, p.13). A falta de comprometimento ou de respostas tende a que problemas políticos sejam redefinidos como problemas pedagógicos. O que se constata é que perpassam pela profissão docente ambiguidades manifestadas por toda a sociedade:

> Por um lado, os professores são olhados com desconfiança, acusados de serem profissionais medíocres e de terem uma formação deficiente; por outro lado, são bombardeados com uma retórica cada vez mais abundante que os considera elementos essenciais para a melhoria da qualidade do ensino e para o progresso social e cultural. (Nóvoa, 1999b, p.13-4)

Assim, ao analisar a situação contemporânea do professorado, verifica-se que muitas das propostas atuais para a profissão docente não são coerentes com os discursos, projetando-se para o futuro o que não se consegue resolver no presente, deslocando o eixo dos problemas políticos para o campo pedagógico (além de mascarar a pobreza das práticas políticas com o excesso de discursos). O resultado é a crítica ao professor por não ser capaz de garantir na escola o que a sociedade não consegue fora dela, passando a ser responsabilizado, por toda parte, pela incapacidade da instituição em resolver os desafios da atualidade. Mas, cabe lembrar que "a escola vale o que vale a sociedade" (Nóvoa, 2008, p.233).

Como diz Elias (1994), a relação entre indivíduo e sociedade é indissociável nos processos históricos que configuram as ações do indivíduo e que, ao mesmo tempo, moldam a sociedade. É preciso romper com as relações antagônicas, como escola x sociedade. O autor parte do pressuposto de que sociedade e indivíduo (ou a sociedade e a escola) são perspectivas diferentes de uma mesma instância, sendo imprescindível compreender a relação entre a pluralidade das pessoas e a pessoa singular e vice-versa, visando esquivar-se da dicotomia entre os termos, usualmente empregada, para explorar a tensa e dinâmica interação entre ambos.

Como bem enfatiza Chakur (2000, p.78):

56 FERNANDA ROSSI – DAGMAR APARECIDA CYNTHIA FRANÇA HUNGER

[...] a situação atual do professorado não emerge do nada, mas é função do contexto histórico e de certos fatores aí presentes, os mesmos, aliás, que condicionam e pressionam a mudança da prática profissional, exigindo investimento (pessoal e coletivo) para além da formação inicial.

A partir desses fatores, ganha ênfase a formação continuada dos professores. Apesar da relevância que vem assumindo na atualidade, a formação continuada não é um fenômeno recente. Ao longo dos anos, a marca de cada época determinou os quadros conceituais para a formação, empregando variadas terminologias para a definição das ações dessa natureza (tais como reciclagem, treinamento, aperfeiçoamento, capacitação), trazendo subjacentes a elas determinadas concepções de formação e formas de desenvolvimento. Alguns desses termos foram bastante criticados por autores como Marin (1995), pois, em suma, as propostas baseadas nessas concepções eram descontextualizadas, descontínuas e inadequadas aos profissionais da educação.

O cenário atual da formação continuada evidencia o desenvolvimento de práticas que não têm contribuído efetivamente para a transformação da ação pedagógica. As ações vêm sendo processadas de formas variadas, dentre as quais se destaca a ênfase na formação institucionalizada, com a presença dos professores nos centros universitários (Candau, 1997; Nóvoa, 1999b); assim como a realização de cursos de atualização de conteúdos, eventos e palestras que pouco contribuem para a prática docente (Demo, 2002; Pimenta, 2000).

Nesse contexto, ressalta-se a necessidade de valorizar e de dar voz ao professor que atua diretamente na escola. Assim, para dar um novo direcionamento à formação continuada e em resposta a estes modelos de formação que se apresentam ineficientes, observam-se empreendimentos voltados a construir uma nova concepção de formação (Candau, 1997).

Visando debater essas questões, no presente capítulo foi abordado como têm sido desenvolvidas as ações de formação continuada e quais as perspectivas de mudança que se vislumbram, construindo,

A FORMAÇÃO CONTINUADA SOB ANÁLISE DO PROFESSOR ESCOLAR   57

assim, um panorama evidenciando as principais concepções, tendências e desafios colocados para o desenvolvimento desse importante componente da profissão de professor, parte integrante da profissionalidade docente. As discussões estão distribuídas em quatro eixos: 1) As concepções dos professores sobre a formação continuada; 2) A escola como o *locus* da formação; 3) Saberes da experiência: o núcleo da formação continuada e 4) A relação da formação com as etapas do desenvolvimento profissional do docente.

## Concepções dos professores sobre a formação continuada

Chauí (2003) relata que é preciso ponderar crítica e reflexivamente a ideia de educação permanente ou continuada que vem se difundindo: a de que somente ela é capaz de manter o trabalhador ativo no mercado de trabalho diante de um mundo globalizado e em constante transformação. Na visão da autora isso não é educação permanente. Confunde-se educação com reciclagem da mão-de-obra (que sofre a obsolescência rápida no sistema capitalista) sendo que esta se trata, na realidade, em o trabalhador adquirir técnicas por meio de processos de adestramento e treinamento para empregá-las de acordo com as finalidades da sua função, com as finalidades da empresa.

De fato, isso não pode ser chamado de educação permanente:

[...] porque a educação significa um movimento de transformação interna daquele que passa de um suposto saber (ou da ignorância) ao saber propriamente dito (ou à compreensão de si, dos outros, da realidade, da cultura acumulada e da cultura no seu presente ou se fazendo). A educação é inseparável da formação e é por isso que ela só pode ser permanente. (Chauí, 2003, p.11)

Os professores entrevistados revelaram o desejo de estar permanentemente construindo a sua formação, que foi concebida como a atualização dos estudos, aperfeiçoamento profissional, desenvolvimento e aprimoramento da prática pedagógica, aprofundamento e aquisição de novos conhecimentos, complementação da formação inicial, busca de mudanças, adequação às transformações da sociedade, atualização referente às produções acadêmicas, amparo para as dificuldades enfrentadas no dia-a-dia, espaço para compartilhar experiências.

Destacou um dos professores: "eu acho que... é a atualização de estudos [...] desenvolver a prática, né, aprimorar a minha prática [...] é você estar... se atualizando". Outro, ao expressar os significados da formação continuada, enfatizou que atividades de natureza diversa integram esse componente profissional:

> Formação profissional continuada. É você sempre estar procurando fazer cursos, sempre estar se atualizando. É... procurar novidades, às vezes, não é somente fazer cursos ou é... de especialização, não só fazer pós, congressos, mil e uma coisas... ler artigos, revistas, sempre estar procurando alguma coisa para se atualizar, né, coisas novas. Continuamente estar adquirindo conhecimento.

A aquisição de novos conhecimentos também constou da fala de uma professora, para quem a formação continuada:

> [...] é um espaço para aperfeiçoamento e para você estar buscando novos conhecimentos e estar é... por dentro das novidades, do que está sendo discutido, quais autores, quais teóricos a gente pode estar utilizando. Então, é um espaço pra gente é... aprender novas, novos conhecimentos.

Um trecho de outra entrevista sintetizou a concepção de formação continuada da professora: "significa tudo o que você faz após o seu período de formação inicial". Assim como foi relatado: "seria dar prosseguimento aos estudos, aprofundar mais".

Concluiu uma das professoras que "a formação continuada seria o amparo que a gente precisa para enfrentar" as dificuldades concretas da escola.

A FORMAÇÃO CONTINUADA SOB ANÁLISE DO PROFESSOR ESCOLAR **59**

Quanto às atividades que compõem o quadro da formação continuada, os depoentes mencionaram os cursos de atualização profissional, cursos de pós-graduação (*lato sensu* e *stricto sensu*), leitura de artigos e revistas, pesquisas na internet, participação em grupos de estudos, congressos, seminários, palestras e fóruns.

Como relatou uma entrevistada, "o aprendizado acontece sempre, todos os dias. [...] se ele [o professor] estacionar ele vai ficar pra traz. Então, essa construção vai sendo adquirida ao longo do tempo e estudando, sem o estudo não tem como".

Os professores entrevistados sinalizaram a preocupação em estarem constantemente envolvidos com atividades de formação, como ficou demonstrado na fala: "eu tento estar sempre me atualizando. Mesmo porque eu acho que quanto mais a gente se atualiza mais fácil vai ficando o nosso trabalho [...]. Melhor pros alunos e mais fácil pra mim também".

Na percepção de uma professora, a preocupação com a formação tem de ser permanente dada a complexidade em conciliar prática pedagógica e desenvolvimento profissional.

[...] tem que existir uma preocupação em se atualizar [...] eu observo muito isso, que quanto mais você se envolve com a prática profissional, mais você se afasta da tua formação. É muito difícil conciliar as duas coisas em virtude de tempo, de uma série de outras coisas. Mas, mesmo que seja complicado em virtude disso, tem que existir uma preocupação e pelo menos acompanhar as discussões que estão sendo feitas em nível acadêmico, aquilo que você pode utilizar na sua prática profissional.

Candau (1997, p.51) considera que, para a implementação de propostas que se proponham a renovar as práticas pedagógicas, a formação continuada dos professores é um aspecto especialmente crítico e importante, pois "qualquer possibilidade de êxito do processo que se pretenda mobilizar tem no/a professor/a em exercício seu principal agente". Mas, a autora também chama a atenção para o fato de que a formação continuada tem os seus limites e manifesta que é preciso ter consciência da "necessidade de articular dialeticamente as diferentes dimensões da profissão docente: os aspectos psicopedagógicos, técnicos, científicos, político-sociais, ideológicos, éticos e culturais" (ibidem, p.67).

A literatura referente à formação continuada de professores apresenta que as práticas dessa natureza assumem diferentes concepções e perspectivas, sendo desenvolvidas sob diversos modelos. De acordo com Pacheco (1995), os processos de formação de professores variam conforme as posturas adotadas em relação aos currículos de formação, ao papel profissional do professor e às finalidades do processo educativo.

Entretanto, Candau (1997, p.52) identifica na maioria das práticas de formação continuada, a perspectiva que denomina de "clássica", na qual a ênfase é colocada na "reciclagem" dos professores: voltar e atualizar a formação recebida, ou seja, "refazer o ciclo".

Sob este formato, as iniciativas podem assumir diferentes modalidades, dentre as quais: universidades que em convênio com secretarias de educação oferecem vagas nos seus cursos de licenciatura para os professores em exercício; convênios estabelecidos entre instituições universitárias e secretarias de educação para a realização de cursos de especialização e/ou aperfeiçoamento, de caráter presencial ou à distância (destaca-se o crescente interesse das instituições pelos cursos realizados nessa modalidade); cursos promovidos diretamente pelas secretarias de educação e ministério da educação; e, ainda, uma modalidade de apoio à escola em que uma empresa ou uma universidade adota uma ou mais escolas e estabelece formas de colaboração para com elas (Candau, 1997).

Nessa dimensão que chama de "clássica", Candau (1997) contextualiza que a ênfase está na presença do professor nos espaços considerados tradicionalmente como o *locus* de produção do conhecimento, ou seja, o *locus* da reciclagem privilegiado é a universidade e outros espaços com ela articulados. Esse sistema apresentado tem sido o comumente adotado nas ações de formação continuada dos profissionais da docência.

Considera-se de especial relevância, em face desse quadro, questionar qual concepção de formação continuada está presente nessa perspectiva, pois parece se sustentar na posição de que à universidade cabe a produção do conhecimento e aos profissionais do ensino básico a sua aplicação, socialização e transposição didática. Por trás desta visão identifica-se a dicotomia entre teoria e prática (Candau, 1997; Pérez Gómez, 1997; Tardif, 2002).

Com a narrativa de uma professora constatou-se que a formação continuada apresenta-se distante dos desafios da realidade escolar em que atua:

[...] a formação [continuada] ela pega pontos específicos, porque você já está formado, então eles pegam os pontos mais críticos que a gente precisa se aperfeiçoar, geralmente é assim, né. Mesmo assim, não está, vamos dizer assim, muito na realidade, porque eu acredito [que] quem monta essas formações [...], as pessoas estão fora da sala de aula, então, monta segundo teorias, segundo livros e acaba confrontando muito com a nossa realidade.

Os demais professores também destacaram a relação entre a teoria e a prática, questão constantemente polêmica nos debates sobre a formação docente. Como nos lembra Chakur (2000, p.79), a formação inicial nas licenciaturas é baseada em dicotomias como "teoria x prática, ensino x pesquisa, qualidade x quantidade, especialidade x generalidade, licenciatura x bacharelado, 'formação específica' x 'formação pedagógica'". Segundo uma das docentes, essa relação na formação continuada:

[...] tem que sair um pouco do papel e trazer mais o embasamento, não é teórico, é um embasamento prático e o que está acontecendo... na nossa aula [...]. Então, a nossa dificuldade é essa. O que a gente pode trabalhar, como a gente pode trabalhar. Não seriam receitas prontas também não, mas seriam as próprias experiências e talvez as soluções. [...] está faltando esse amparo mais na parte prática, e não só papel, papel, papel.

Parece evidente que a prática pedagógica precisa ser concebida como o fio condutor da formação continuada, o que não significa que a teoria seja irrelevante. A questão está em superar a dualidade teoria e prática, conscientizar-se que aprender e fazer ou que formação e ação docente não se constituem como polaridades. Complementou a docente:

> A gente falaria as nossas dificuldades e as pessoas... não é, não quero receita pronta, eu queria só caminhos, caminhos pra gente seguir e eu sei que em livros também tem caminhos, não receitas, mas tem caminhos. Mas, assim, que seja trabalhado menos a parte teórica e mais a parte prática. Para nossas dificuldades, eu acho que a gente conseguiria um resultado um pouquinho mais efetivo do que só teoria, teoria, teoria.

Todas as nossas ações exigem certos saberes e reflexão crítica sobre nossas práticas, como nos explica Paulo Freire (1996, p.22):

> A prática de velejar coloca a necessidade de saberes fundantes como o do domínio do barco, das partes que o compõem e da função de cada uma delas, como o conhecimento dos ventos, de sua força, de sua direção, os ventos e as velas, a posição das velas, o papel do motor e da combinação entre motor e velas. Na prática de velejar se confirmam, se modificam ou se ampliam esses saberes.

O ato de ensinar supõe saberes concernentes à educação, à sociedade, à história, ao conhecimento, aos sujeitos. Supõe conhecer a educação na sua integridade. É o que concebe um dos depoentes que também abordou a questão da teoria/prática em seus relatos, apontando o respaldo teórico como um dos aspectos imprescindíveis para a construção de ações formativas críticas, sendo necessária a relação Escola – Universidade para essa realização.

Não obstante, o processo de formação continuada tem de considerar que o professor em formação não é um aluno como aquele da formação inicial; traz consigo suas vivências, ideologias, toda uma

A FORMAÇÃO CONTINUADA SOB ANÁLISE DO PROFESSOR ESCOLAR 63

experiência em aula, enfim, uma condição docente permeada de historicidade do seu fazer didático-pedagógico.

Ainda parafraseando Paulo Freire,

[...] na formação permanente dos professores, o momento fundamental é o da reflexão crítica sobre a prática. É pensando criticamente a prática de hoje ou de ontem que se pode melhorar a próxima prática. O próprio discurso teórico, necessário à reflexão crítica, tem de ser de tal modo concreto que quase se confunda com a prática. (Freire, 1996, p.39)

Outras práticas de formação continuada frequentes têm sido aquelas levantadas por Demo (2002). Os professores participam de eventos, conferências, reúnem-se para discutir os problemas da prática etc.; participam comumente de atividades desse tipo. O problema é que nem sempre a aprendizagem ocorre. O acúmulo de atestados de participação não repercute na aprendizagem, mesmo porque escutar conhecimento alheio não é aprendizagem. Esse tipo de acumulação não representa medidas eficazes para a prática docente.

Esse fato pode ser verificado em um dos relatos: "às vezes, quando vem uma formação, uma coisa de fora assim, você aproveita pouco". Outra entrevistada corroborou essa afirmação ao esclarecer a maneira como se dão as contribuições da formação (nos modelos vigentes), no seu ponto de vista:

Ajuda? Ajuda sim, mas a gente tem que escutar a formação, estudar em cima daquilo e depois chegar na nossa realidade e aplicar segundo o contexto que a gente lida. Mas não é... [risos] não é tanto assim como falam nem na graduação, a graduação é mais longe ainda da realidade! É muito longe da realidade do que a própria formação [continuada], [esta] é mais específica, então ajuda um pouco mais.

O problema não parece consistir exatamente nas formas que assumem as práticas, como o formato de eventos ou conferências que Demo (2002) cita, mas na ausência da valorização dos saberes dos professores e na falta de conhecimento de suas necessidades reais para o desenvolvimento dessas práticas.

Pimenta (2000) aponta como ações de formação recorrentes a realização de cursos de suplência e/ou atualização dos conteúdos de ensino. A autora também constata que esses programas trazem poucas melhorias para a atuação docente por não tomarem a própria prática dos professores nos seus contextos, deixando de situá-las como o ponto de partida e de chegada da formação. Esses programas acabam por não possibilitar ao professor a transposição dos novos saberes para sua prática pedagógica (Fusari, 1988 citado por Pimenta, 2000).

No que se refere aos objetivos, aos conteúdos prioritários e aos métodos aplicados nas práticas de formação, Chantraine-Demailly (1992) verifica que o campo da formação contínua de professores não é homogêneo. Suas variadas concepções e ações estão relacionadas e confrontam-se ou coexistem no plano da formação. Desejando auxiliar os diferentes atores (professores, formadores, responsáveis pelos programas...) a identificar os jogos políticos, culturais e profissionais que a formação contínua revela, a autora retrata quatro modelos de formação continuada de professores, a saber:

- a *forma universitária*, que tem como finalidade a transmissão do saber e da teoria. Neste modelo, a relação simbólica formador-formando é semelhante à relação das profissões liberais com seus clientes, onde os mestres são os produtores do saber e os alunos atuam como receptores dos conhecimentos.
- a *forma escolar*, onde os formadores ensinam saberes que são definidos exteriormente num programa oficial. Os formadores, assim como seus alunos, possuem um papel passivo em termos de planejamento.
- a *forma contratual*, aquela em que ocorre a negociação entre os diferentes parceiros (formando e formador, formando e organização etc.) para o desenvolvimento de um determinado programa de formação.

A FORMAÇÃO CONTINUADA SOB ANÁLISE DO PROFESSOR ESCOLAR 65

- a *forma interativo-reflexiva* caracterizada por estimular a capacidade de resolução de problemas reais. As iniciativas de formação se fazem a partir da ajuda mútua entre formandos, que buscam a elaboração coletiva de saberes profissionais, apoiados por ajuda externa (o formador).

Complementa Chantraine-Demailly (1992) que a eficácia dos modelos de formação contínua depende, essencialmente, das estratégias de mudança escolhidas referente aos diversos tipos de saberes profissionais. Refletindo sobre a diferença entre as formas *universitária* e *interativo-reflexiva*, a autora assume a posição de que no plano individual, a primeira parece ser mais eficaz sob as dimensões afetiva e intelectual. Enquanto a segunda mostra-se mais eficaz no plano coletivo porque resulta na menor resistência perante a formação, possibilita o prazer da construção autônoma das respostas aos problemas enfrentados, aborda a prática de maneira global e permite a construção de novos saberes profissionais. De qualquer maneira, em todas essas formas, a formação continuada conserva o significado de atividade direcionada para a mudança.

Pacheco (1995) define a formação contínua como um processo cujo objetivo consiste em aperfeiçoar o desenvolvimento profissional do professor, nas suas mais variadas vertentes e dimensões. Deve contemplar duas ideias principais: a de mudança para novos saberes diretamente relacionados com a prática profissional; e o desenvolvimento de atividades que conduzam a uma nova compreensão do fazer didático e do contexto educativo.

Na visão dos professores entrevistados, as possíveis contribuições da participação em ações de formação continuada para a prática pedagógica são diversificadas. As citações arroladas abaixo perpassaram opiniões gerais sobre as influências positivas de tais ações, bem como representações negativas dessas práticas.

Foi possível notar nos relatos dos professores que as práticas de formação se traduzem em contribuição para o trabalho educativo. Um deles enfatizou como as discussões teóricas enriqueceram o seu trabalho:

[...] é aquele negócio, sempre contribui com alguns elementos que você vai relacionando com a prática [...]. Às vezes, algumas atividades que eu já conhecia, mas a gente aprende a abordar de uma outra forma [...] às vezes, eu faço algumas disciplinas na Unesp mais conceituais assim, de teoria do conhecimento também, acho que ajuda a planejar a aula, ajuda a observar melhor algumas coisas que acontecem, situações que acontecem na aula... sobre é... violência dos alunos, sobre como eles reconhecem a escola [...].

Um das professoras considerou o espaço para a troca de experiências como o mais relevante no contexto de formação continuada:

Sempre contribui com alguma coisa, as poucas que eu participei [...] serviu pra nossa realidade, trabalhar as nossas maiores dificuldades, do que a gente quer mais fugir porque a gente não... ou fez uma vez e não deu certo e tem talvez resistência de fazer pela segunda. E trocar, a troca de experiência, é o que mais vale, a troca de experiência.

Apresentando uma opinião mais abrangente, um dos professores acredita que o próprio ato de investir na formação profissional é capaz de trazer benefícios para o professor, como citou:

[...] sempre quando você faz um tipo de investimento, de estudo [...], com a própria atualização você já modifica, né, você já vem com outra cabeça, você já se prepara, você... dá uma movimentada, de qualquer forma acaba fazendo isso. Então ajuda, nesse sentido acaba ajudando, mesmo se for pra mexer um pouco com você, né, acaba sendo bom.

Outro depoente chamou a atenção para a continuidade dos programas de formação e que seria interessante a introdução de novos conhecimentos ou de estudos comparativos com outros contextos nas atividades formativas.

A FORMAÇÃO CONTINUADA SOB ANÁLISE DO PROFESSOR ESCOLAR  67

[...] esse programa de continuidade de estudos eu acredito que a cada seis meses deveria ter um. E alguém que traga coisa nova pra nós, traga conhecimentos novos, ou comparativos com outros lugares pra gente poder trabalhar aqui também.

Enquanto outra professora foi mais específica ao abordar esse assunto, ressaltando que a formação promovida pelo Estado pouco contribui para a sua ação pedagógica, como explicou:

Aí que tá. Ahn... se eu for te falar daquilo que eu tive de convocação da Diretoria de Ensino e os cursos que foram oferecidos, os debates e tal, complementou. Não dá pra falar que é um trabalho perdido porque não é [...]. [Mas] o que eu vejo ali ainda é muito distante daquilo que poderia ser, entendeu, daquilo que a gente vê de produção acadêmica e que poderia ser muito mais rico. Então, não sei te falar de contribuição, assim, para a ação pedagógica.

A entrevistada complementou que muitos dos subsídios para a sua atuação advêm de estudos realizados em função da docência no ensino superior, além do fato que, na sua visão, a formação promovida atualmente por meio das ações estaduais poderia ser substituída por outras atividades de formação sem dificuldades, dada a fragilidade daquelas ações em atender as demandas dos docentes.

Eu acho que eu tenho muito mais dos estudos que eu preciso fazer, do que daquilo que é fornecido, né, o material que é fornecido pra gente ali dentro. E, infelizmente, não são todos os professores que têm essa possibilidade ou que têm essa preocupação de buscar alguma coisa além daquilo. Então, eu acredito que a contribuição maior talvez seja para os professores que estão só na rede e que dependem um pouco mais daquilo. E aí eu acho que existe contribuição sim, tá, não vou falar que não. Mas, não é nada que você não consiga procurando de outra forma, entendeu.

Em uma das passagens da entrevista com uma professora foi elencado como os "pontos fundamentais" que contribuem para a qualidade da sua prática pedagógica, o curso de especialização (em Pedagogia do Teatro), as pesquisas constantes na literatura e a participação em grupos de estudos:

> [...] a especialização que eu fiz foi muito importante e participar de grupos de estudos também contribui bastante. [...] Então, isso contribuiu muito pra que eu melhorasse. Eu acho que eu venho melhorando na minha prática pedagógica e eu sempre tive muita curiosidade em estar lendo, em estar indo atrás, pra estar é... de acordo com os meus princípios, o que eu julgo ser uma aula de qualidade. Então, isso foi, assim, acho que foram pontos fundamentais pra... esse crescimento mesmo profissional, a minha atuação na escola.

A apropriação do conhecimento e a tradução dos saberes veiculados nas ações de formação na prática pedagógica é um processo individual que se inter-relaciona com as experiências, as representações e a história de cada professor. Consequentemente, os efeitos provocados pela formação assumem diferentes formas para cada indivíduo.

Em meio a essa diversidade de pontos de vista, a formação profissional continuada constitui-se em um tema atual, complexo, podendo ser abordado e analisado a partir de diferentes enfoques e dimensões, considerando a sua importância para a vida profissional do professor e para a transformação da qualidade do ensino (Candau, 1997).

Desse modo, observam-se na literatura esforços para repensar a formação continuada (Candau, 1997). Para Marin (1995) atualmente convém abordar o *continuum* de formação de professores como *educação permanente, formação continuada* e/ou *educação continuada* por serem estes os termos que mais apropriadamente representam os significados da formação no contexto educacional, pois apresentam como eixo da formação o conhecimento.

A FORMAÇÃO CONTINUADA SOB ANÁLISE DO PROFESSOR ESCOLAR   69

Trata-se de colocar como eixo o conhecimento, centro da formação inicial ou básica, de formação continuada; de realizar e usar pesquisas que valorizem o conhecimento dos profissionais da educação e tudo aquilo que eles podem auxiliar a construir. É o conhecimento, ainda, estabelecido como fulcro das novas dinâmicas interacionistas das instituições para a valorização da educação e a superação de seus problemas e dificuldades. (p.17-8)

Pode-se sintetizar que esses termos trazem como concepções a ideia de uma educação como processo prolongado pela vida toda e o significado de atividade conscientemente proposta, direcionada para a mudança. Articulam-se aos aspectos institucionais, visando à implementação desses processos também no *locus* do próprio trabalho cotidiano de maneira contínua, transformando-se numa "verdadeira prática social de educação mobilizadora de todas as possibilidades de todos os saberes dos profissionais" (Marin, 1995, p.18).

Nesse esteio, para repensar a formação contínua dos professores, três eixos de investigação estão se tornando consenso entre os profissionais da educação: definir a escola como o *locus* da formação; valorizar os saberes experienciais dos docentes; e, atentar para as diferentes etapas do desenvolvimento profissional docente, como descreve Candau (1997). Tais perspectivas são dialogadas com os depoimentos dos professores nos próximos subtópicos.

## A escola como o locus da formação docente

Nos discursos recentes, o estabelecimento da escola como o *locus* da formação a ser privilegiado está constantemente presente, considerando que no cotidiano do professor na escola "ele aprende, desaprende, reestrutura o aprendido, faz descobertas" (Candau, 1997, p.57).

O PCN+ Ensino Médio (Brasil, 2002b) destaca o papel da escola como espaço de formação docente e salienta que as práticas do professor estão em permanente formação. Enfatiza que a formação profissional continuada, em qualquer circunstância, deve se dar enquanto o professor exerce sua profissão, paralelamente ao seu trabalho escolar, reconhecendo a escola como o *locus* da formação profissional ininterrupta, sendo competência direta das escolas o desenvolvimento de programa institucional de formação permanente.

Todavia, a eficácia dessa formação depende essencialmente da atitude do professor, de compreender-se como alguém que, por profissão, precisa estar em contínua formação, sendo que o perfil desejado é o do professor reflexivo e crítico e envolvido com a autoformação (Brasil, 2002b). Evidentemente, que a importância atribuída ao professor nesse processo, conforme indicado no documento, não anula ou diminui a responsabilidade das esferas públicas em implementar políticas de formação.

Para o grupo participante da pesquisa a escola é realmente esse espaço privilegiado para a formação docente, pois "é onde acontece a educação [...] eu aprendo muita coisa aqui [...] não digo que é mais do que eu aprendi na faculdade, mas, o que faz melhorar meu trabalho é o que eu estou aprendendo aqui", ilustra a fala de um professor.

Se esse é o *locus* propício para o professor aprimorar a sua formação é necessário tornar a escola no lugar de referência em todo o processo formativo. Mas, "trata-se de um objetivo que só adquire credibilidade se os programas de formação se estruturarem em torno de problemas e de projetos de ação e não em torno de conteúdos acadêmicos" (Nóvoa, 1991, p.30 citado por Candau, 1997, p.57).

Vasconcellos (2004a) vai ao encontro do exposto ao ressaltar que os desafios do cotidiano escolar são complexos por demais e que para enfrentá-los com competência, o professor precisa estar sempre pesquisando, estudando, procurando aprimorar-se. A escola, por sua vez, não pode ser vista apenas como um local de trabalho, mas também como espaço de formação, sendo necessário investir prioritariamente na formação continuada e em serviço do professor. Dessa forma, e por meio do trabalho coletivo constante,

A FORMAÇÃO CONTINUADA SOB ANÁLISE DO PROFESSOR ESCOLAR  71

o professor terá melhor compreensão do processo educacional, de sua postura frente às situações e dos métodos de trabalho mais apropriados.

Cabe questionar se existem condições concretas de trabalho para professores e gestores investirem no desenvolvimento profissional no contexto escolar, pois se verificou nos depoimentos que essa concepção ainda não reflete a realidade da formação docente. Para alguns professores a origem do problema não está somente na escola, mas resulta da estrutura do sistema educacional.

> [...] no caso, assim, de nós funcionários do Estado, a escola não tem tanta autonomia [...] tantos projetos pra investir no profissional [...] acho que não é tanto por culpa da escola, né, acho que é culpa do sistema mesmo assim, de: escola, diretoria e secretaria de educação.

Outro depoente acredita que a estrutura educacional torna os professores agentes passivos em sua própria prática ao afirmar: "a escola segue o padrão predeterminado já pelo Estado. Então, ela passa pra nós o que eles têm em mente lá e nós temos que cumprir. Só isso".

"O mínimo que deveria acontecer é um incentivo, né, então, isso é uma coisa que eu não observo de nenhuma forma", sinalizou uma professora a respeito da postura da escola em que leciona.

Foi citado por um dos professores que a escola em que atua incentiva a formação docente e apoia a sua prática, procurando constantemente atender às suas expectativas, mas ainda não atende plenamente as necessidades do professor.

Nessa conjuntura, reconheceu uma professora: "esse é um contexto bem complicado porque, lógico, tem que ter o envolvimento de todos: professor, coordenador, direção, e ainda não tem". Também relatou o apoio que tem recebido da escola para sua prática pedagógica, mas confessou: "eu ainda não vejo esse espaço de formação", concebendo esse fato como consequência da burocratização a que os professores estão submetidos, da ausência de um projeto político-pedagógico contextualizado e elaborado em conjunto pela comunidade escolar e da ausência, ainda, de interdisciplinaridade.

Tem alguns projetos isolados que eu acho que poderiam possibilitar uma formação continuada. Mas, do jeito que está sendo passado eu acho que fica só, assim, jogado um monte de informação que na verdade o professor não consegue transpor isso pra realidade e aí fica assim: o governo finge que dá uma formação e o professor finge que aprende.

A questão da burocracia e hierarquia foram tópicos levantados em outras entrevistas, como se verifica abaixo:

O que me decepciona bastante é a estrutura do Estado, né. Então, toda a burocracia, uma hierarquia que você questiona muito porque eu tenho que responder a algumas pessoas que têm uma formação é... como que eu vou falar? Não é, assim, não querendo parecer arrogante, mas eu respondo a pessoas que têm muito menos tempo de estudo, muito menos interesse por estudar, que tem uma formação muito complicada, entendeu. E eu tenho que ser, eu sou subordinada a essas pessoas. [...] Então, isso é uma barreira... acho que é o que decepciona a maior parte das pessoas que estão no Estado. Além de problemas como violência, como falta de disciplina, de interesse, que a gente tem e a gente passa mesmo, mas eu acho que essa parte burocrática é o mais decepcionante.

As novas diretrizes para a educação básica – Resolução CNE 4/2010 – trazem no Capítulo III, "Gestão Democrática e Organização da Escola": "VI – a presença articuladora e mobilizadora do gestor no cotidiano da escola e nos espaços com os quais a escola interage, em busca da qualidade social das aprendizagens que lhe caiba desenvolver, com transparência e responsabilidade" (Brasil, 2010b).

De acordo com o Parecer CNE 7/2010 a escola deve ser estruturada com qualidade social e, para tanto, deve ter como foco "o diálogo, a colaboração, os sujeitos e as aprendizagens". Para tanto,

A FORMAÇÃO CONTINUADA SOB ANÁLISE DO PROFESSOR ESCOLAR    73

pressupõe o atendimento a requisitos como "V – preparação dos profissionais da educação, gestores, professores, especialistas, técnicos, monitores e outros".

Por isso, as redes de aprendizagem constituem-se em ferramentas didático-pedagógicas relevantes [...]. Esta opção requer planejamento sistemático integrado, estabelecido entre sistemas educativos ou conjunto de unidades escolares. Envolve elementos constitutivos da gestão e das práticas docentes como infraestrutura favorável, prática por projetos, respeito ao tempo escolar, avaliação planejada, perfil do professor, perfil e papel da direção escolar, formação do corpo docente, valorização da leitura, atenção individual ao estudante, atividades complementares e parcerias. (Brasil, 2010a, p.26)

Ainda, no item VII é preciso que a rede:

VII – preveja a formação continuada dos gestores e professores para que estes tenham a oportunidade de se manter atualizados quanto ao campo do conhecimento que lhes cabe manejar, trabalhar e quanto à adoção, a opção da metodologia didático-pedagógica mais própria às aprendizagens que devem vivenciar e estimular, incluindo aquelas pertinentes as Tecnologias de Informação e Comunicação. (TIC)

O Horário de Trabalho Pedagógico Coletivo (HTPC) é, também, um espaço para a formação continuada (em serviço) dos professores. Entretanto, o que se pôde verificar é que esse momento para os professores entrevistados geralmente não se configura como uma possibilidade de formação docente. Relatou um professor que a direção da escola em que atua libera-o desse compromisso como forma de incentivar a sua participação em cursos ou outras atividades formativas: "eu já pedi pra ceder um horário de HTP pra eu poder fazer um curso... quando vê que [...] é interessante pra escola, tem esse apoio sim". Mas, complementou que "onde a escola pode chegar é nisso aí, ceder horários, assim, que a gente tem livre pra poder fazer algum curso [...] que envolva a escola".

Destacou outro entrevistado as cobranças a que o professorado está sujeito: "tem muito assim, cobrança e, depois, fiscalização, né, oh, 'deixa eu ver caderneta, vou ver se você fez, se aplicou'". Desse modo, o HTPC se configura, especialmente, como um espaço para avisos de modo geral, na sua concepção.

Outro exemplo se deu com um professor ao dizer que o tema da formação continuada já foi discutido nos HTPCs, mas ele acredita que para alcançar uma formação eficiente "tem que ser uma coisa mais específica [...] tem que tirar o professor que é titular da casa pra fazer cursos, tem que mostrar coisa nova, tem que trazer pra garotada coisa nova, senão fica na mesmice que é o que está acontecendo".

Enfim, sobre a relação entre o HTPC e a formação continuada lamentou uma entrevistada: "o único horário que a gente teria para estar tentando resgatar isso, não se faz porque é... as questões burocráticas acabam, acabam com nosso tempo, então, eu não vejo como um espaço de formação, pelo contrário".

Rangel-Betti (2001) identificou nas experiências de formação que coordenou a existência de um conhecimento gerado na prática, no contexto das aulas, e constatou que esse conhecimento precisa ser veiculado na formação profissional dos professores, pois traduz a realidade do cotidiano e extrapola o conhecimento acadêmico. As atividades também se constituíram em momentos propícios para compartilhar as experiências, os problemas e suas possíveis soluções.

A importância da parceria Escola-Universidade foi mencionada pelos entrevistados. Para uma das professoras (que também atua no ensino superior) é uma forma de aproximação dos professores escolares com a instituição superior de ensino. Citou como exemplo os estágios, que podem trazer benefícios para ambas as partes: estagiários e professores supervisores, pois o trabalho desenvolvido com os graduandos representa, também, uma oportunidade de aprimoramento profissional para o docente.

A FORMAÇÃO CONTINUADA SOB ANÁLISE DO PROFESSOR ESCOLAR **75**

[...] em relação ao estágio, talvez o professor supervisor do estágio lá no campo de trabalho pudesse ter uma discussão com a faculdade que está levando o aluno pra lá. Eu até já vi algumas, por exemplo, faculdades que abrem a possibilidade do professor supervisor do estágio frequentar a faculdade. Então, fazer disciplinas e tal. Que é uma ideia. Eu digo isso, porque assim, vários alunos meus [...] vão fazer estágio comigo. Então, é uma possibilidade que eu tenho de explicar a minha prática e de saber o que está acontecendo de novo ali na graduação, os conhecimentos, o que pode ter modificado. Então é uma ponte pra discussão.

No entanto, de acordo com Sarti (2009, p.135), há ainda desafios a serem superados para o estabelecimento de uma prática efetiva, como o desenvolvimento de um trabalho articulado entre as instituições de formação e as escolas de educação básica que recebem os estagiários. Hoje,

O mais comum é que os estudantes das licenciaturas realizem o estágio de docência em escolas escolhidas em função de suas preferências individuais e que nelas efetuem as atividades de observação e/ou de regência a partir de orientações gerais oferecidas pela instituição formativa. Nossos cursos de formação inicial de professores não costumam contar com a figura de tutores, ou seja, professores em exercício que, no âmbito de um convênio com as instituições formativas, recebem sistematicamente estagiários em sua classe e participam ativamente de sua formação. A atuação dos professores em exercício costuma ser bastante limitada, cabendo-lhes apenas permitir que os estagiários realizem em sua classe as atividades solicitadas pela instituição de formação.

Cabe, nesse momento, ressaltar que não há como falar da escola sem falar dos alunos. Ainda não existe um número considerável de pesquisas no campo educacional que enfoquem o aluno como sujeito principal do processo investigativo, concebendo-o como um indivíduo situado historicamente, numa determinada configuração sociocultural. Os discursos apontam para sua centralidade, mas, são poucas as pesquisas que investigam esse sujeito a partir do que eles têm a dizer. Nesse sentido, apontam os entrevistados para a relevância em compreender as necessidades e perspectivas dos alunos com relação à escola e ao processo educacional, inclusive ao tratar da formação do docente, pois acredita que é preciso "[...] levar muito em conta também [...] a voz dos alunos, o que eles estão percebendo".

Desde que nascemos somos obrigados a aprender, a nos apropriarmos do mundo, como salienta Charlot (2000). E são muitas as maneiras pelas quais apreendemos o que está ao nosso redor, sendo que o sentido atribuído às nossas experiências é elemento-chave para nos relacionarmos com os outros, com o meio em que vivemos. Logo, é imprescindível considerar o sujeito ao estudar o campo da educação.

O sociólogo aborda a relação com o saber como resultado de diferentes lógicas para sua apreensão, sendo necessário compreender, primordialmente qual é o processo que leva o aluno a adotar uma relação de saber com o mundo. Apresenta como pressuposto que toda relação com o saber é uma relação de sentido e significado, que depende da relação de um sujeito com o mundo, com o outro e consigo mesmo, ou seja, é um efeito da interação sujeito-mundo. Tal relação envolve questões como: a mobilização intelectual para a aprendizagem (dispor-se a aprender), de sentido e de prazer, que envolve despertar no aluno o desejo pelo saber. Enfim, é preciso que o professor/escola encontre meios para estimular o aluno a mobilizar-se a aprender, encontrar sentido e prazer nas atividades escolares.

Para tanto, tem-se de considerar as múltiplas faces do processo de ensino-aprendizagem, como as razões, atitudes e comportamentos discentes nas diferentes relações: epistêmicas (com conhecimentos, conteúdos, atividades, diferentes linguagens...); identitárias (com o professor, com os alunos, com a escola, consigo mesmo) e social (com a escola, com o coletivo). O conhecimento do alunado também é condição para pensar as ações de formação docente.

A FORMAÇÃO CONTINUADA SOB ANÁLISE DO PROFESSOR ESCOLAR  77

Como dizia Paulo Freire (1996), ensinar exige respeito aos saberes dos educandos, sobretudo os saberes socialmente construídos na vida comunitária, aproximando o ensino da vida concreta, visando à transformação social. Afinal, "não há docência sem discência" (p.23).

A respeito do Projeto Político Pedagógico (PPP) buscou-se saber com os entrevistados se a formação continuada está integrada nas propostas das escolas em que atuam. Alguns professores contaram que o PPP faz referência à formação continuada, mas que na prática ela não acontece, como foi exemplificado: "está prevista sim. É... mas não, não acontece. Na hora de operacionalizar não, não acontece". Outro professor mencionou que sabe que essa prática consta no documento, mas que fica somente no papel, não ocorrendo de fato. Enquanto uma professora não tem conhecimento do projeto da escola.

Ainda, uma professora criticou a forma como a sua escola desenvolve o PPP, sem o envolvimento do corpo docente:

[...] qual é o projeto político pedagógico da escola? Não tem. Tem uma proposta que veio do governo, mas e especificamente a nossa proposta? Do nosso contexto, da nossa comunidade não foi feito. Não foi feito. Pode ter sido feito por uma pessoa, mas ele não foi discutido. Então, como que os professores vão elaborar o seu projeto pedagógico das suas aulas se eles nem sabem qual é o projeto político pedagógico da escola?

Gadotti (2000) ressalta que projetar significa lançar-se para frente, indica a ideia de um futuro diferente da situação do presente. Logo, o termo *projeto* pressupõe uma ação intencionada que traz consigo um sentido definido do que se quer inovar. De acordo com Vasconcellos (2004a), o PPP caracteriza-se como um instrumento teórico-metodológico que, por meio de uma leitura da realidade, visa intervir nessa realidade e transformá-la. Sua sistematização não é definitiva, podendo ser reconstruída ao longo de seu desenvolvimento.

Assim, Vasconcellos (2004a, 2004b) compreende o PPP como o plano global da instituição. Consiste em um processo de planejamento participativo, que no seu decorrer se aperfeiçoa e se concretiza. Para Pereira (2008) a sua elaboração exige uma reflexão acerca da concepção de educação e sua relação com a sociedade, bem como o tipo de indivíduo que se busca formar. Sendo fruto de reflexão e investigação, como também indica Veiga (2003), o projeto aponta um rumo, uma direção para um compromisso estabelecido coletivamente.

Charlot (2002) adota como condição para uma boa educação o encontro entre um projeto político forte e práticas cotidianas nas aulas. Mas, nesse ínterim, enxerga dois problemas: o do discurso político que não presta atenção aos que estão fazendo educação na escola, dizendo o que deve ser feito o tempo todo; e, ao mesmo tempo, cai-se numa armadilha tecnológico-profissional, acreditando que basta profissionalizar mais os professores, dando-lhes mais ferramentas e instrumentos para resolver as questões do ensino. Conclui o autor que sem perspectivas amplas de construção de um sistema de ensino, não vão se desenvolver ações eficazes na prática escolar.

Para elucidar, destaca-se que no estudo de Günther e Molina Neto (2000) duas reivindicações principais foram feitas por professores participantes de um programa de formação contínua: a valorização da escola como o *locus* de formação, como aqui discutido, e a sua participação efetiva na construção de políticas de formação, tendo como ponto de partida da formação as suas próprias práticas. Os entrevistados da presente pesquisa também sinalizam para a necessidade das atividades formativas partirem dos saberes que desenvolvem e refletem na prática pedagógica – os chamados saberes da experiência.

# A FORMAÇÃO CONTINUADA SOB ANÁLISE DO PROFESSOR ESCOLAR

## Saberes da experiência: o núcleo da formação continuada

O reconhecimento e a valorização dos saberes docentes devem se constituir como a referência fundamental para o desenvolvimento da formação continuada, especialmente os saberes da experiência, "núcleo vital do saber docente, e a partir do qual o professor dialoga com as disciplinas e os saberes curriculares" (Candau, 1997, p.59). O trabalho docente baseia-se em um conjunto de saberes diversificados (Tardif, 2002; Pimenta, 2000; Saviani, 1996). Como ressalta Tardif (2002), no processo constitutivo da docência muitos são os saberes (re)construídos pelo professor, como os saberes da formação profissional (advindos da ciência da educação e da ideologia pedagógica; transmitidos pelas instituições de formação de professores), disciplinares (correspondem aos saberes que integram as diversas disciplinas nas instituições de formação), curriculares (conhecimentos das instituições escolares; podem apresentar-se sob a forma de programas escolares) e experienciais (baseiam-se no trabalho cotidiano; brotam da experiência profissional). O saber docente é, portanto, um saber plural, estratégico e que está em constante movimento, transição e transformação.

Nesse contexto, a prática pedagógica também representa um processo de aprendizagem no qual o professor faz descobertas, aprende e reelabora seus conhecimentos e ações, (re)significa a sua formação e a adapta à profissão. É preciso, portanto, dar um estatuto ao saber da experiência e condições para que os professores façam suas escolhas de formação. Pois, os professores "no exercício de suas funções e na prática de sua profissão, desenvolvem saberes específicos, baseados em seu trabalho cotidiano e no conhecimento de seu meio". Saberes que emergem da experiência e são por ela validados. Incorporam-se à experiência tanto individual quanto coletiva como meios de *saber fazer* e *saber ser* (Tardif, 2002, p.38).

O que se questiona é o espaço proporcionado, pelos atores responsáveis pela elaboração dos projetos de formação continuada, para o professor atuar como o protagonista da sua formação. Discutir a participação ativa do professor, como protagonista, na construção e implementação de propostas de formação continuada, especialmente sob a ótica dos conceitos de configuração e poder da teoria de Norbert Elias, vislumbra-se como um constructo importante para tal compreensão, pois muitos dos aspectos do comportamento ou das ações das pessoas individuais só podem ser compreendidos a partir do estudo do tipo da sua interdependência, da estrutura das suas sociedades, em resumo, das configurações que os sujeitos formam uns com os outros (Elias, 1980).

O processo de formação continuada encerra certa relação com os saberes. No sentido que coloca Charlot (2000, 2005), não há saber senão em uma determinada relação com o mundo e essa relação com o mundo é também uma relação consigo mesmo e uma relação com os outros. Assim, "a ideia de saber implica a de sujeito, de atividade do sujeito, de relação do sujeito com ele mesmo [...], de relação desse sujeito com os outros (que coconstroem, controlam, validam, partilham esse saber)" (Charlot, 2000, p.61). Lembram Elias e Scotson (2000, p.208) que:

> Segundo uma tradição antiga, o saber, inclusive o saber de como adquiri-lo, é visto apenas em sua qualidade de meio de conhecimento. Normalmente se dá pouca atenção ao saber como meio de poder. Entretanto, as duas coisas são praticamente inseparáveis.

Tanto a transmissão de um saber como a recusa em transmiti-lo não dizem respeito a apenas questões cognitivas, mas incluem sempre as relações de poder, enfatizam os autores. Sendo o conhecimento, então, uma forma de poder, as relações hegemônicas são relações pedagógicas, como diz Gramsci (1981, p.37) ao explicar que a relação pedagógica se faz:

> [...] em toda a sociedade no seu conjunto e em todo o indivíduo com relação aos outros indivíduos, bem como entre camadas intelectuais e não intelectuais, entre governantes e governados, entre elite e seguidores, entre dirigentes e dirigidos, entre vanguardas e

A FORMAÇÃO CONTINUADA SOB ANÁLISE DO PROFESSOR ESCOLAR   81

corpos do exército. Toda relação de 'hegemonia' é necessariamente uma relação pedagógica.

Conceber que pessoas constituem teias de interdependência ou configurações de muitos tipos, sejam famílias, escolas, cidades, estratos sociais ou estados, possibilita uma nova compreensão da sociedade para além da dicotomia indivíduo – sociedade, pois "a sociedade que é muitas vezes colocada em oposição ao indivíduo, é inteiramente formada por indivíduos, sendo nós próprios um ser entre os outros" (Elias, 1980, p.13). A relação entre indivíduo e sociedade é indissociável nos processos históricos que configuram as ações do indivíduo e que, ao mesmo tempo, moldam a sociedade.

Para romper com essa relação antagônica, já que Elias (1994) parte do pressuposto de que sociedade e indivíduo são perspectivas diferentes de uma mesma instância, é preciso estudar a relação entre a pluralidade das pessoas e a pessoa singular e vice-versa, visando esquivar-se da dicotomia entre os termos, usualmente empregada, para explorar a tensa e dinâmica interação entre ambos (como gestores e professores, governantes e professores, governantes e gestores, pesquisadores e gestores, professores e pesquisadores...). O processo de formação continuada, portanto, para além dos conhecimentos e práticas que produz, sofre as influências (e influencia) dos diferentes grupos envolvidos.

Os professores entrevistados, ao serem questionados quanto à sua participação nas diferentes etapas da construção de ações de formação contínua, relataram (exceto um) que nunca tiveram a oportunidade de participar das fases de elaboração e implementação dessas ações formativas. Nota-se nas práticas atuais a despreocupação em ouvir os professores e valorizar os saberes por eles produzidos na sua prática cotidiana para a construção da formação contínua, sendo que essa necessidade foi manifestada pelos depoentes, como se pôde observar na fala de um dos professores entrevistados:

[...] acho legal o professor participar da sua formação. Assim, tanto na elaboração... acho que a gente se sente parte daquela formação, né, acho que fica mais, você dá mais importância e você trabalha com elementos que você está colocando ali que você acha problemático.

Também afirmaram os demais professores que para o desenvolvimento de propostas que atendam as necessidades da realidade torna-se imprescindível a participação dos docentes, que estão diante das questões do contexto escolar, no planejamento dessas ações.

Um deles enfatizou o que acontece, na sua visão, com as atividades pensadas por pessoas externas à sala de aula: "vai fazer a parte teórica, daí vocês vão sentar, vão lá ler livros, tudo muito lindo, mas quando chega na prática não dá certo". Complementou que "os professores, esses sim são os que mais têm que participar. [...] quem faz muito isso daí [quem elabora as ações], tinha que ir até quem faz a prática pra falar que a realidade da escola não é essa".

Os processos humanos e sociais são representados por pessoas que estão sujeitas a forças que as compelem. Não se tratam de forças exteriores às pessoas, exercidas sobre elas como se fossem meros objetos. Mas, são forças exercidas pelas pessoas sobre outras pessoas e sobre elas próprias (Elias, 1980). E, nesse sentido, o emprego da teoria eliasiana na análise da formação continuada de professores direciona-se para a aquisição de uma compreensão geral dessas forças, que só poderão ser elucidadas a partir da análise do conceito de *configuração*, pois:

> Dizer que os indivíduos existem em configurações significa que o ponto de partida de toda investigação sociológica é uma pluralidade de indivíduos, os quais, de um modo ou de outro, são interdependentes. Dizer que as configurações são irredutíveis significa que nem se pode explicá-las em termos que impliquem que elas têm algum tipo de existência independente dos indivíduos, nem em termos que impliquem que os indivíduos, de algum modo, existem independentemente delas. (Elias; Scotson, 2000, p.184)

A FORMAÇÃO CONTINUADA SOB ANÁLISE DO PROFESSOR ESCOLAR **83**

Verifica-se na atualidade a ampliação das configurações que envolvem o professor, com funções especializadas e específicas (professores, diretores, coordenadores, supervisores, pesquisadores, agentes formadores, governo, pais, alunos, comunidade), enfim, pessoas que formam grupos que se tornam cada vez mais funcionalmente dependentes uns dos outros. Assim, as cadeias de interdependência tornam-se mais diferenciadas, consequentemente mais opacas e mais incontroláveis por parte de um grupo ou indivíduo em especial.

E todos esses grupos exercem influência mútua, tem poder uns sobre os outros, considerando que o poder, na ótica de Elias, é flutuante, elástico e não se trata de algo que apenas um grupo possui e outro não. Quer dizer, não apenas governantes, por exemplo, têm poder sobre os professores, mas os professores também exercem poder sobre governantes, e assim ocorre com os diferentes grupos. No entanto, existe uma balança – usando as próprias palavras do sociólogo – existe um equilíbrio desse poder, podendo num determinando momento histórico, essa balança pender mais para um lado do que para outro (Elias, 1980).

A esse respeito, Elias (1980) elabora uma série de modelos de jogos de competição, realizados segundo regras em menor ou maior grau, para explicar como são entrelaçados os fins e as ações dos indivíduos. Contudo, o jogo não é definido por tais regras, e sim consiste numa combinação dinâmica das relações sociais. Tais modelos estão baseados na medição de forças entre duas ou mais pessoas e, consequentemente, poderão auxiliar para uma melhor compreensão do equilíbrio de poder, presente em toda e qualquer relação humana, como explica:

> O equilíbrio de poder não se encontra unicamente na grande arena das relações entre os estados, onde é frequentemente espetacular, atraindo grande atenção. Constitui um elemento integral de todas as relações humanas. [...] Também deveríamos ter presente que o equilíbrio de poder, tal como de um modo geral as relações humanas, é pelo menos bipolar e, usualmente, multipolar. (Elias, 1980, p.80)

No âmbito da formação continuada evidencia-se que o equilíbrio de poder é apresentado de modo multipolar, envolvendo diferentes grupos como professores, gestores, pesquisadores, agentes formadores etc. em sua constituição. A ênfase dada por Elias à noção de equilíbrio, ao invés de trabalhar com conceitos estáticos, reificantes, dá-se no sentido de compreender que:

> Conceitos de equilíbrio são muito mais adequados ao que pode ser realmente observado quando se investigam as relações funcionais que os seres humanos interdependentes mantêm uns com os outros, do que os conceitos modelados em objectos imóveis. (Elias, 1980, p.81)

Logo, por meio dos modelos de jogos de competição, Elias (1980) explora o caráter relacional do poder, o qual também chama de força relativa dos jogadores, já que no jogo a força de um jogador é sempre variável relativamente ao seu adversário, sendo que a capacidade de controle irá variar de acordo com as posições ocupadas enquanto jogadores, a dependência mútua existente e as tensões e conflitos inerentes à teia entrelaçada.

Na rede de relações que envolvem o professor no universo da formação continuada, denota-se que a respeito das ações executadas pela esfera pública, a capacidade de controle não está, principalmente, com o professor, como declarou uma entrevistada, uma vez que no seu contexto de atuação o espaço para participar da construção das propostas de formação contínua é bastante restrito, pois:

> [...] eles consultam, entendeu, mas eu não sugiro nada, não tenho abertura pra sugerir 'ah, eu acho que deveria ser isso', entendeu. Eles propõem e aí eu auxilio naquilo que, que eu posso fazer, que eu tenho conhecimento aqui da faculdade, mas na elaboração das propostas, daquilo que eu acredito que deveria ser trabalhado eu não participo praticamente de nada.

A FORMAÇÃO CONTINUADA SOB ANÁLISE DO PROFESSOR ESCOLAR    85

A personalidade e a composição social, o *habitus* dos indivíduos, alteram-se diante das mudanças históricas. Os indivíduos, ao relacionarem-se uns com os outros, ao mesmo tempo em que modelam a sociedade, modelam-se a si próprios. Os empreendimentos individuais não ocorrem num vazio de determinações sociais. O indivíduo (o professor) porta em si o *habitus* de um grupo. Ou seja,

[...] a existência da pessoa como ser individual é indissociável de sua existência como ser social. [...] Não há identidade-eu sem identidade-nós. Tudo o que varia é a ponderação dos termos na balança eu-nós, o padrão da relação eu-nós. (Elias, 1994, p.151-2)

É preciso ponderar que o conceito de identidade humana está sempre relacionado a um processo que emerge num contexto histórico e social delimitado. A balança da relação eu-nós é permeada por um equilíbrio tenso, diferenciada em cada sociedade e momento, transformando-se a identidade do indivíduo na medida em que o contexto também se altera.

Considerando, portanto, que a história não é determinada unilateralmente pelo conjunto da sociedade ou pelos indivíduos,

A importância de diferentes indivíduos para o curso dos acontecimentos históricos é variável e que, em certas situações e para os ocupantes de certas posições sociais, o caráter individual e a decisão pessoal podem exercer considerável influência nos acontecimentos históricos. A margem individual de decisão é sempre limitada, mas é também muito variável em sua natureza e extensão, dependendo dos instrumentos de poder controlados por uma dada pessoa. (Elias, 1994, p.51)

Verifica-se, com base nos apontamentos acima, que estando na posição de professor nessa teia de relações do campo educacional, a margem de decisão e de participação efetiva do professor apresenta-se bastante limitada.

Reconheceu uma depoente como seria difícil envolver todos os docentes para a discussão e elaboração das propostas formativas, mas sugeriu como estratégia a composição de uma comissão com professores da rede para o desenvolvimento desse tipo de trabalho, pois: "eu acredito que seria fundamental a participação dos professores".

A parceria entre os atores envolvidos na formação docente (responsáveis pela elaboração das práticas de formação, agentes formadores, gestores, professores...) resultaria em programas mais eficazes, revelaram os professores, como demonstra a fala abaixo:

> Seria interessante porque você conseguiria [...] coletar informações a respeito do que a gente tem mais dificuldade, porque eu acho que a formação nada mais é do que o amparo às nossas dificuldades, pelo menos a minha opinião é essa. Seria interessante se a gente conseguisse participar inicialmente nem que fosse só com ideias ou com sugestões, qual o problema que a gente está mais enfrentando na escola. Em cima das nossas respostas eles fariam uma formação.

A reflexão da professora vai ao encontro dos estudos de Imbernón (2009), pois entende o autor que a formação permanente deve caminhar no sentido de criar comunidades formativas, o que pressupõe desenvolver ações pautadas na cultura profissional dos docentes que atua como espécie de filtro interpretativo da realidade. O trabalho conjunto dos diferentes atores sociais dar-se-ia com o intuito de solucionar as situações problemáticas das práticas educativas, bem como (re)construir constantemente a identidade docente.

Como expressa Saviani (2010, p.387, grifos nossos):

> [...] deve-se considerar com toda a atenção e cuidado o problema do conteúdo da educação a ser desenvolvido no âmbito de todo o Sistema. Conforme os documentos legais, a começar pela Constituição Federal e a LDB, a educação tem por finalidade o pleno

A FORMAÇÃO CONTINUADA SOB ANÁLISE DO PROFESSOR ESCOLAR    87

desenvolvimento da pessoa, o preparo para o exercício da cidadania e a qualificação para o trabalho. Levando-se em conta que esses objetivos se referem indistintamente a todos os membros da sociedade brasileira considerados individualmente, podemos interpretar, com Gramsci (1975, vol. III, p.1547), que *o objetivo da educação é conduzir cada indivíduo até a condição de ser capaz de dirigir e controlar quem dirige.*

A reflexão acima pressupõe margens consideráveis de autonomia profissional para os professores. Todavia, para Nóvoa (1992), desde meados dos anos 1980 são visíveis as tensões a que o professorado está submetido: a intensificação do trabalho com uma sobrecarga de atividades impossibilitando a dedicação dos docentes na construção da sua profissão e a tendência para separar a concepção da execução, ou seja, a elaboração dos programas de ensino da sua concretização, o que provoca uma degradação do estatuto dos professores e a retirada de margens importantes de autonomia profissional.

Retomando a reflexão de Gramsci (1975), acima citada na contextualização de Saviani (2010), para propiciar o alcance de tal objetivo a formação docente deverá contemplar o pleno desenvolvimento do professor, ao invés de desenvolver atividades mecânicas, padronizadas ou descontextualizadas. É necessário avançar na concepção de formação continuada – e, consequentemente, no foco das ações formativas – de uma concepção de certificação, atualização ou conformação – para uma concepção mais abrangente de formação do ser humano.

De acordo com os relatos dos participantes da pesquisa, os professores não têm participado da construção da formação continuada, pois os entrevistados alegaram não haver espaço para se envolverem com as fases de elaboração e implementação de ações formativas, sendo que essa necessidade foi manifestada como forma de desenvolvimento de propostas que correspondam à realidade escolar, além do fato do professor se sentir efetivamente parte dessa formação, como enfatizaram nos relatos.

Evidencia-se a ausência, nas práticas de formação atuais, do reconhecimento e valorização dos saberes experienciais dos docentes, de prestar atenção ao que tem a dizer o professorado sobre sua própria realidade.

Não obstante, a literatura evidencia que, progressivamente, está se atribuindo maior valor à experiência e ao cotidiano dos professores no desenvolvimento de sua formação, sem, contudo, desvalorizar a importância dos contributos teóricos. Entretanto, os relatos manifestados pelos professores nesta investigação indicam que, embora as perspectivas apontadas na literatura para a formação continuada vislumbrem o professor como principal agente da sua formação e da construção da sua profissionalidade docente, para esse grupo de professores essa tendência ainda apresenta-se distante.

## A relação da formação continuada com as etapas do desenvolvimento profissional dos professores

Em diferentes momentos do exercício profissional, os professores enfrentam problemas, têm necessidades e perspectivas diversas. Assim sendo, é preciso considerar as diferentes etapas do desenvolvimento profissional do docente nas práticas de formação continuada, dada a complexidade do ciclo profissional dos professores. O ciclo de vida profissional representa um impacto considerável nas concepções e estratégias de formação continuada (Candau, 1997).

De acordo com Huberman (2000, p.38) o desenvolvimento da carreira constitui-se em "[...] um processo e não em uma série de acontecimentos. Para alguns, este processo pode parecer linear, mas para outros, há patamares, regressões, becos sem saída, momentos de arranque, descontinuidades" (Huberman, 2000, p.38). Logo, o desenvolvimento da carreira docente para alguns professores pode acontecer de modo tranquilo, enquanto para outros pode estar permeado de dúvidas, angústias, regressões.

A FORMAÇÃO CONTINUADA SOB ANÁLISE DO PROFESSOR ESCOLAR 89

Marcelo García (1999) chama a atenção que a investigação referente ao ciclo vital dos professores realizada por Huberman (2000) talvez tenha sido a mais difundida nos últimos anos, trazendo, diz Candau (1997) contribuições significativas para o estudo da formação continuada de professores.

Em seus estudos, o autor encontrou sequências-tipo no desenvolvimento da carreira do professor e as classificou em etapas básicas, de acordo com os anos de carreira, lembrando que estas não devem ser tomadas como fases estáticas ou lineares, mas concebidas por meio de uma relação dialética: *entrada na carreira* (1 a 3 anos de docência): fase de sobrevivência, descoberta e exploração; *estabilização* (4 a 6 anos): sentimento de competência e pertença a um corpo profissional; *diversificação ou questionamentos* (7 a 25 anos): estágio de experimentação, motivação, busca de novos desafios e/ou momento de questionamentos e reflexão sobre a carreira; *serenidade e distanciamento afetivo e/ou conservadorismo e lamentações* (25 a 35 anos): pode levar ao conformismo ou ao ativismo; e, por fim, *fase de desinvestimento, recuo e interiorização* (35 a 40 anos): pode ser sereno ou amargo.

Cavaco (1999) também estudou o desenrolar da vida pessoal e profissional de docentes. A autora apresenta como principais constatações que o início da carreira representa insegurança, instabilidade, caracterizando-se, especialmente, como fase de sobrevivência; que a estrutura da carreira docente não considera as necessidades intrínsecas de desenvolvimento pessoal, fazendo com que a carreira não se ajuste à evolução da estrutura da vida, mas identificou duas linhas orientadoras, uma caracterizada pela continuidade e aceitação e outra pela inovação e diversidade; e, por fim, que a felicidade na profissão parece vir do fato do professor aceitar aventuras, riscos, desafios, perseguir grandes metas, manter certo grau de liberdade, reconhecer o valor dos acertos e erros a partir da análise da própria experiência, escutar/reconhecer os outros, repensar sua vida e reviver cada dia.

Moreira et al. (2010) analisaram o nível de percepção de qualidade de vida no trabalho (baseado no parâmetro socioambiental),

90 FERNANDA ROSSI – DAGMAR APARECIDA CYNTHIA FRANÇA HUNGER

o tipo de comportamento referente ao perfil do estilo de vida individual (com base no parâmetro individual) e suas associações com os ciclos de desenvolvimento profissional de professores da rede pública estadual de ensino do estado do Paraná.

Os autores concluíram, dentre outros, que a maioria dos professores investigados está satisfeita com a qualidade de vida no trabalho. Mas, aspectos negativos foram relacionados à remuneração e compensação, condições de trabalho, integração social na organização do trabalho e espaço total de vida; configurando-se estes em motivos de insatisfação. Ainda:

> Ao considerar os ciclos de desenvolvimento profissional, observou-se que aumenta o nível de insatisfação da maioria dos componentes da qualidade de vida no trabalho, excetuando-se os componentes remuneração e compensação e integração social na organização do trabalho. (Moreira et al., 2010, p.908-9)

Os autores complementam que quando se trata do componente atividade física os professores de Educação Física mais experientes apresentam comportamentos menos positivos do que os professores em início de carreira. Apontam para a necessidade de desenvolvimento de políticas institucionais de valorização da profissão docente ao longo da carreira, destacando "a implementação de planos de carreira, que contemplem tanto a possibilidade de ganho financeiro quanto o investimento pessoal por meio da capacitação periódica dos professores" (Moreira et al., 2010, p.909).

Cabe ressaltar que o desenvolvimento profissional docente não é um processo independente e individual, ocorre na dinâmica das transformações sociais, políticas, econômicas e culturais. É interdependente, portanto, de processos que o desencadeiem. No entanto, os relatos do grupo entrevistado permitiram verificar que os depoentes apresentaram características diferentes de acordo com o momento da profissão em que se encontravam. Tais características são aqui elucidadas na tentativa de apreender os pensamentos dos professores com relação à formação continuada e o desenvolvimento

A FORMAÇÃO CONTINUADA SOB ANÁLISE DO PROFESSOR ESCOLAR  **91**

da carreira docente, evidenciando as necessidades e expectativas relacionadas à formação nesse percurso.

A primeira etapa da prática docente, a fase de *entrada na carreira (1-3 anos de magistério)*, Huberman classifica fase como sobrevivência, descoberta e exploração.

A sobrevivência se dá entremeio ao choque com o real (confronto inicial com a complexidade profissional), envolvendo as preocupações consigo mesmo, os desencontros entre os ideais e as realidades e o enfrentamento a outras dificuldades do contexto escolar. Já a descoberta traduz o entusiasmo do início de carreira, experimentações e a exaltação pela responsabilidade assumida, por constituir parte de um corpo profissional. Soma-se a estes aspectos a exploração que pode ser fácil ou problemática, sendo limitada, portanto, por questões de ordem institucional.

Dentre os participantes que se encontravam nessa fase da carreira docente, um destacou, como pontua Huberman (2000), a angústia com relação aos seus ideais e o confronto com a realidade do contexto escolar:

> [...] a gente fica angustiado de muita coisa que a gente quer, que a gente espera que os alunos respondam daquela forma ou que a gente espera que a escola seja assim e não, e não atende nossas expectativas [...] a gente vê isso em situações, às vezes, que o aluno faz coisas que a gente não está ensinando ou que não está ajudando em nada, nada, né. Ou a escola, você faz um projeto pra tentar melhorar alguma coisa e não melhora. E, às vezes, você não tem ajuda dos pais. Tem muitos pais que participam, estão preocupados, às vezes não sabem como ajudar. Mas, tem pais que são muito displicentes, relapsos ou chega até o ponto de falar o contrário do que a gente fala aqui [...].

Observou-se, assim, a decepção do professor a respeito das limitações do alcance da função que exerce no sistema educacional:

> [...] a confiança que você tinha, que você tem quando você espera que um dia você vai dar aula, né, quando você está na graduação,

você vê que... é possível você fazer as práticas, mas a sua parcela de responsabilidade, de influência sobre eles é bem menor do que você imaginava [...] não é por isso que eu perco a esperança, né, mas, você percebe que você é muito pequeno nesse processo todo.

Ao tratar das necessidades relacionadas ao processo de formação continuada, sinalizaram os depoentes que gostariam de aprimorar-se por meio de tais ações, melhorar a prática pedagógica constantemente e ter condições de construir uma prática em conjunto com os alunos, uma prática reflexiva e elaborada por todos os envolvidos. Reconheceram que participar de práticas de formação continuada facilita o trabalho docente e contribui para o aprimoramento profissional.

A segunda fase, *de estabilização (4-6 anos),* caracteriza-se como o estágio de consolidação pedagógica, de sentimento de competência crescente e segurança. Ocorre o comprometimento com a carreira docente e aumenta a preocupação com os objetivos didáticos. Considera-se, ainda, como a fase de libertação ou emancipação, em que se acentua o grau de liberdade profissional (Huberman, 2000).

Dentre os professores dessa fase da carreira uma declarou que o maior desafio enfrentado nessa etapa da docência está relacionado com o comportamento dos alunos e a falta de envolvimento da família na educação das crianças.

[...] às vezes, eu quero que as coisas saiam muito certinho, mas, assim, no sentido de que é muito simples uma educação, é muito simples dar uma educação pra um filho e eu não me conformo de uma mãe não olhar um caderno, de uma mãe não perguntar como é que o filho está na escola. Então, esse descaso que está tendo da família com a criança, às vezes eu não consigo aceitar isso.

A docente disse sentir-se incapacitada para transformar a realidade na qual atua e muito desanimada por não visualizar em seu trabalho cotidiano uma influência positiva para seus alunos, para as famílias envolvidas, como declarou: "não depende só de mim e, às vezes, eu vejo que eu ajudo aluno, ajudo, ajudo, ele vem e piora

A FORMAÇÃO CONTINUADA SOB ANÁLISE DO PROFESSOR ESCOLAR **93**

de novo. Então, eu fico desmotivada porque dá a impressão que eu não estou valendo nada, dá impressão que o meu trabalho não vale nada". Apesar de se enquadrar nessa segunda etapa da carreira, se considerados os anos de experiência, os sentimentos revelados pela entrevistada são comuns àqueles encontrados nos três primeiros anos de docência, como os desencontros entre seus ideais e a realidade escolar, como descreve Huberman.

A formação docente para a entrevistada é um meio de encontrar soluções para os problemas reais do contexto educacional, além de contribuir para elevar o entusiasmo do docente.

> Nossa carreira ela vai se desenvolvendo conforme o tempo, porque eu brinco que a gente... é caindo que a gente aprende, né. Mas, a formação eu diria como se fosse um amparo. É... a formação feita efetivamente, eu acho que a gente conseguiria resolver muitos problemas na área educacional, daria assim mais é... ânimo pra gente [...] porque a gente acaba ficando muito desanimado com nossos erros, desanimado com o sistema educacional, desanimado com os alunos, com a educação que eles têm agora.

Outra professora ingressou na educação básica com o intuito de identificar os conteúdos e outros requisitos solicitados pelo Estado para a atuação do professor na escola e, assim, buscar uma integração entre o ensino superior (em que já atuava) e a docência no ensino básico.

> [...] eu achava interessante, se eu começasse a dar aula, as contribuições do ensino fundamental pra disciplina de Prática de Ensino que eu ministrava, porque era muito difícil falar da prática dos alunos sem ter a minha. Então, foi mais nesse sentido que eu quis prestar o concurso e ingressar.

A satisfação com o trabalho foi encontrada no fato de poder contribuir positivamente para o desenvolvimento dos alunos: "hoje, assim, eu gosto muito de dar aula pelos alunos, pelo progresso deles, a maneira como eles vão se modificando ao longo dos anos, aquilo que eu posso contribuir com eles. Isso é fantástico", relatou a entrevistada.

Ao retratar seus sentimentos negativos com relação à educação formal, a professora enfatizou as questões da violência, indisciplina, falta de interesse do aluno e, especialmente, a estrutura hierárquica estabelecida no sistema estadual de ensino, com já discutido anteriormente.

Ficou evidente nesse depoimento que a professora está vivendo uma crise na profissão. Esse elemento, Huberman (2000) aponta como uma das características que surgem na fase que compreende dos sete aos 25 anos de docência (próxima etapa cronológica que a professora viverá). Mas, como adverte o autor, o fato de ter encontrado sequências-tipo em seus estudos não impede que muitas pessoas vivenciem os sentimentos mais comumente encontrados em outros momentos da carreira, afinal o percurso é singular à pessoa que o viveu.

A crise enfrentada pela professora repercute num processo de reflexão, ou seja, a faz pensar se continua ou não nessa trajetória profissional. Contou que, devido a essa hierarquia e aos processos burocráticos a que os professores estão submetidos no sistema de ensino estadual, não pretende continuar lecionando, mas gostaria de envolver-se com as atividades relacionadas à gestão educacional.

> [...] se eu for traçar uma perspectiva pra mim no Estado, eu não acredito que eu vou continuar muito tempo em sala de aula, entendeu. Não gostaria, gostaria de ter outras possibilidades pra tentar modificar alguma coisa, porque assim, a nossa prática docente ela modifica muita coisa, mas ela não atinge essa burocracia. Então, eu gostaria de modificar alguma coisa nesse sentido.

A autonomia docente não depende exclusivamente do professor, não é intrínseco ao indivíduo e resultante de capacidades individuais somente, mas apresenta-se como um processo construído no desenrolar das situações sociais (Contreras, 2002).

A FORMAÇÃO CONTINUADA SOB ANÁLISE DO PROFESSOR ESCOLAR    95

Para a depoente, a questão primordial relacionada à formação docente está em disseminar para os professores da rede as discussões do meio acadêmico. Porém, no seu entendimento, não existe atualmente entre os envolvidos com o campo educacional a preocupação em divulgar a produção acadêmica aos que estão fazendo educação na escola. Assim como existem dificuldades por parte dos professores para articularem as produções teóricas com a sua prática.

Na *fase de diversificação ou questionamentos (7-25 anos)* é comum o professor encontrar-se num estágio de experimentação e diversificação, de motivação, de buscas de desafios. Experimentar novas práticas e diversificar métodos de ensino, tornando-se mais crítico.

Pode se caracterizar, também, como uma fase de questionamentos, gerando uma crise, seja pela monotonia do cotidiano da sala de aula, seja por um desencanto causado por fracassos em suas experiências ou por reformas estruturais. O professor faz um exame do que será feito de sua vida frente aos objetivos e ideais estabelecidos inicialmente; reflete tanto sobre continuar no mesmo percurso como sobre as incertezas de uma possível mudança (Huberman, 2000).

Os depoentes participantes do estudo situados nesta etapa declararam sentir necessidade de uma formação contínua que lhes forneça embasamentos para trabalhar com novos conteúdos que são introduzidos constantemente.

Há, também nesta etapa da carreira, professores que não têm o intuito de continuar atuando com a docência, em sala de aula. Alguns pretendem se dedicar a atividades de gestão escolar: "Pra futuro. Pra ser usado pra futuro porque eu não pretendo ficar na escola até acabar. É um meio pra ascensão profissional, tanto que esse ano eu já trabalhei como vice-diretor, então...", declarou um deles.

De acordo com Huberman (2000) essa característica de mudança de percurso profissional apresentada por alguns depoentes é típica dessa fase da carreira, em que o professor se sente motivado a buscar mais responsabilidade, autoridade e prestígio por meio do acesso a funções administrativas. Reflete-se, ainda, como a busca de novos desafios, sentindo a necessidade de comprometer-se com projetos que tenham certos significados, como foi possível notar nas preocupações relatadas por uma professora ("gostaria de ter outras possibilidades pra tentar modificar alguma coisa"). Sobretudo, constatou-se que a decisão de mudar o rumo da carreira está amparada no desencanto quanto ao papel de professora/professor.

Apareceram, também, relatos que revelaram que a decisão em atuar na área educacional pública surgiu da necessidade de estabilidade profissional, embora a remuneração não seja atraente, segundo os professores, há sempre a segurança do emprego pela carreira ser pública. Isso exemplifica a representação de alguns licenciados, que para estabilizarem-se profissionalmente e obterem segurança financeira buscam ingressar nesse sistema (ROSSI; HUNGER, 2008).

Ressaltou uma docente a frustração com o comportamento dos alunos que sentia durante, especialmente, o período de início na carreira, assim como os questionamentos que fazia quanto à realidade que estava enfrentando:

> [...] a frustração do primeiro ano era você chegar lá e os alunos não fazerem a... o que você tinha colocado como objetivo da aula. Então, eu não conseguia dar aula, então eu saía realmente frustrada, 'será que o problema é comigo?', 'ou são os alunos?', 'ou é a estrutura da escola?'.

Atualmente, após alguns anos de experiência, considera que é possível definir uma linha de atuação, a forma como deseja trabalhar e compreende a maneira mais adequada para atingir os objetivos educacionais, elementos descritos por Huberman como comuns a esta etapa profissional. Mas, foi um processo que demandou tempo, como explicou:

> [...] ao longo do tempo a gente foi percebendo [...] que tinha que dar um tempo também pros alunos acostumarem com o nosso estilo de dar aula, porque cada professor tem o seu estilo, tem a sua maneira, as suas prioridades, né, que cada um vivencia.

A FORMAÇÃO CONTINUADA SOB ANÁLISE DO PROFESSOR ESCOLAR    97

Ao ser questionada sobre as necessidades sentidas com relação à formação continuada, a fala da depoente apontou para a importância de atualização constante para o trabalho pedagógico e para o desenvolvimento profissional:

> [...] só ficar na graduação, no conhecimento que a gente teve na graduação, eu acho que prejudica nossa atuação profissional. Então, eu acredito que é importante e... acho que tudo, que sempre estão surgindo novidades e mesmo pra você é... estar por dentro do que está acontecendo, principalmente na sua área de atuação [...].

Mais um depoente dessa etapa declarou o desânimo com sua atuação profissional devido, especialmente, a fatores relacionados ao comportamento dos alunos, como a falta de respeito e a violência para com o professor. Têm-se, nesse caso, evidências do que Huberman pontua como o desencanto pela docência, como pode ser visto abaixo na fala do professor:

> No Estado é... me desanimou muito porque com o passar dos anos a coisa tá caindo, entendeu. Os alunos não têm mais respeito, os alunos não, não têm mais paciência, entendeu. É... está difícil trabalhar, está muito difícil trabalhar. [...] você vê também outra coisa: noticiário direto de aluno batendo em professor, aluno xingando professor, aluno riscando carro de professor, aluno... Então, está difícil trabalhar, está muito difícil.

Dessa forma, o professor também está decidido a mudar de atividade profissional. Pretende continuar no campo educacional, contudo ministrar aulas não faz mais parte de seus planos, seja em âmbito público estadual, seja municipal (atualmente está vinculado às duas esferas). Tem como objetivo, nesse momento, administrar uma unidade escolar privada. Seu depoimento foi incisivo:

> [...] comecei ano passado com uma escola particular, entendeu, é... pretendo sair fora, sair, sair fora. Tanto do Estado quanto da

Prefeitura. Se eu conseguir acertar a escola lá, der certo, funcionar, eu pretendo sair. [...] Eu sou o proprietário da escola, então, eu vou trabalhar na... em cima, né. Então, nada de dar aula, pelo contrário, não quero mais saber.

Complementou que esteve um dia muito animado com a profissão, mas para ele "caiu muito, caiu muito, muito, muito, muito. [...] Antes você trabalhava com gosto, tinha vontade, entendeu, você tinha material à vontade e os alunos te respeitavam e hoje não [...]. Está muito difícil dar aula, está muito difícil".

As principais reclamações do professor quanto à formação continuada referiram-se à ausência do Estado em desenvolver propostas efetivas de formação docente: "É uma falta de apoio, de cursos, de é... isso aí, apoio, curso e vontade, né, do Estado em fazer as coisas acontecerem [...] dá computador pro professor, dá *notebook* pro professor, e porque não investir em curso? [...]".

Uma das etapas finais da carreira docente consiste no *momento de serenidade e distanciamento afetivo e/ou de conservadorismo e lamentações (25-35 anos)*, de acordo com Huberman (2000).

Nesta ocasião o professor começa a lamentar o período passado caracterizado pelo ativismo, pela força e pelo envolvimento em desafios. Mas, em contrapartida evoca uma grande serenidade em sala de aula, certo conformismo com sua prática e se aceita como é.

Tem-se um distanciamento afetivo para com os alunos que pode se dar ou pelo distanciamento gerado pelos alunos com relação aos professores mais velhos (os professores jovens são tratados por eles como irmãos(ãs) mais velhos(as)), ou, numa análise sociológica, pode resultar da pertença de professores e alunos a gerações diferentes, dificultando o diálogo e o envolvimento entre ambos.

A fase de serenidade pode se deslocar para uma fase de conservadorismo, em que os professores se tornam mais resistentes às inovações e às mudanças e é enfatizada uma nostalgia do passado.

Dentre os participantes desse estudo, o professor mais experiente completava no momento da coleta das entrevistas trinta anos de docência. Encontrava-se, pelo critério do tempo de trabalho,

A FORMAÇÃO CONTINUADA SOB ANÁLISE DO PROFESSOR ESCOLAR  99

nessa etapa da carreira. Mas o professor já estava se preparando para a aposentadoria, a *fase de desinvestimento profissional*, a qual Huberman (2000) indica que acontece, geralmente, entre os 35-40 anos de vida profissional. Para esse docente esse acontecimento se antecipou em alguns anos, o que não surpreende, reforçando que as etapas da carreira encontradas pelo autor não são rígidas, podendo haver variações com relação ao contexto que o docente está inserido.

Apesar dos desafios enfrentados ao longo da carreira, o professor citou que nunca desanimou: "mas nunca desanimei não [...], sempre trabalhei bem, nunca tive problema com escola". Hoje, sua visão do ambiente escolar é mais negativa, perpassando a falta de apoio dos envolvidos com o campo educacional o desrespeito dos alunos:

> [...] agora piorou [...] você tem a falta de apoio. Não aqui. Aqui tem uma direção boa, quando você chama atenção te apoia. Se precisar de alguma coisa, material a gente tem o suficiente pra trabalhar direiti-nho, mas a gente sabe que tem lugar que nem isso tem. Tem colegas da gente que passa isso e eu sei o que é passar tudo isso. Agora, cada vez o alunado vai ficando pior, tem aquelas escolas cada vez pior. Você... não te respeitam mais. [...] Você tem que impor, às vezes, ser um pouco mais agressivo, pra poder manter um pouco de disciplina.

O professor declarou o descontentamento quando outras pessoas lhe dizem que a sua opinião negativa é resultado da proximidade com a aposentadoria, sugerindo o seu desinteresse pela profissão. No entanto, afirmou que "não é porque está em fim de carreira, mas é que vai magoando, né, eu fico chateado. Então, eu acho que pra quem está começando agora, vai ser duro. Eu acho, eu acho". Assim, revelou-se na narrativa do docente uma nostalgia do passado.

As maiores dificuldades em termos de formação continuada para o professor estão relacionadas com a impossibilidade de se ausentar da escola para participar de práticas dessa natureza: "se tiver um curso e se você for pedir pra ser dispensado, você não vai ser, você não vai ser." Sua principal crítica consiste na falta de oportunidade para desenvolver-se por meio da formação: "se tivesse, por exemplo, cursos a noite que a gente pudesse fazer, mas faz muito tempo que eu não vejo nada nesse sentido".

Como está em fase de desinvestimento da carreira, o professor já planeja desenvolver outras atividades quando aposentar-se da escola. Essa postura é observada por Huberman (2000) como predominante da *fase de desinvestimento, recuo e interiorização (35-40 anos)*. Geralmente, nessa fase é tomada uma postura positiva face ao desinvestimento profissional, libertando-se progressivamente do trabalho sem lamentações para dedicar mais tempo a si próprio e a outros interesses extraescolares, como revelou o docente entrevistado.

Contudo, professores que não tenham alcançado seus objetivos, suas ambições iniciais, podem caminhar para o desinvestimento na sua vida profissional ainda no período de desenvolvimento da carreira. Enfim, tal fase pode acontecer de modo sereno ou amargamente (Huberman, 2000).

O que se verificou é que, de fato, em cada momento da carreira os professores demonstraram necessidades, perspectivas, anseios diferentes. Não se trata de classificá-los de modo estanque. Evidentemente muitos dos sentimentos estão presentes em diversos momentos da vida profissional, mas foi possível identificar alguns aspectos comuns entre os professores de cada etapa do desenvolvimento profissional.

Em síntese, na fase de entrada na carreira a necessidade primordial consiste em formar-se (continuar em formação) para aprimorar a prática pedagógica e diminuir o choque com a realidade típica dessa fase profissional. Na fase subsequente, de estabilização, os professores disseram que ações formativas são importantes para solucionar os problemas mais gerais do contexto educacional. Os professores que se encontravam na fase de diversificação relataram que o embasamento para trabalhar novos conteúdos e a atualização constante diante das novidades que surgem a todo o momento no campo educacional são suas prioridades de formação e, por fim, no momento de serenidade/desinvestimento a necessidade traduz-se em frequentar atividades formativas em espaços diferentes da escola para inovar suas práticas e relacionamento com os alunos.

# 5
## EM BUSCA DE REDEFINIÇÕES PARA A FORMAÇÃO CONTINUADA

Após as discussões promovidas até aqui, cabe enfatizar a compreensão de Nóvoa (1995), que afirma que a formação tem ignorado tanto o desenvolvimento pessoal do professor, quanto a articulação entre a formação e os projetos das escolas.

De acordo com o autor, para a formação adquirir como eixo de referência o desenvolvimento profissional implica em considerar três dimensões estratégicas para a formação: produzir a vida do professor (desenvolvimento pessoal), produzir a profissão docente (desenvolvimento profissional) e produzir a escola (desenvolvimento organizacional). Essas são estratégias eficazes para adquirir como eixo de referência o desenvolvimento dos professores na dupla perspectiva do professor individual e do coletivo docente (Nóvoa, 1992, 1995).

Para produzir a vida do professor, Nóvoa (1992, 1995) propõe a formação na perspectiva crítico-reflexiva, que forneça aos professores os meios de um pensamento autônomo e conduza a dinâmicas de autoformação participada, possibilitando a troca de experiências, a partilha dos saberes e a produção desses saberes, transformando o professor no construtor de sua formação.

Entretanto, o professor deve ser recolocado no centro dos debates educativos, das ações e problemáticas de investigação (Nóvoa, 1995, 2000). Assim, produzir a profissão docente implica em:

[...] valorizar paradigmas de formação que promovam a preparação de professores reflexivos, que assumam a responsabilidade do seu próprio desenvolvimento profissional e que participem como protagonistas na implementação das políticas educativas. (Nóvoa, 1995, p.27)

Formar-se implica ao professor um investimento pessoal, o desenvolvimento de um trabalho livre e criativo sobre trajetórias e projetos, em busca da construção de uma identidade tanto pessoal como profissional. Recorrendo a Nias (1991), Nóvoa em várias de suas obras (1992, 1995, 2000) enfatiza que o professor é a pessoa, assim como uma parte importante da pessoa é o professor.

Urge por isso (re)encontrar espaços de interacção entre as dimensões pessoais e profissionais, permitindo aos professores apropriar-se dos seus processos de formação e dar-lhes um sentido no quadro das suas histórias de vida. (Nóvoa, 1995, p.25)

As práticas de formação, ao assumirem como referência as dimensões coletivas, estão contribuindo para a emancipação profissional e para a consolidação de uma profissão autônoma na produção dos seus saberes e valores. Os professores precisam se assumir como produtores da sua própria profissão (Nóvoa, 1992, 1995).

Mas, "falar de formação de professores é falar de um investimento educativo dos projectos de escola" (Nóvoa, 1992, p.7). Diante disto, não basta formar ou mudar o profissional, é preciso também intervir no ambiente em que sua ação é colocada em prática. Para tanto, o desenvolvimento profissional deve articular-se com os projetos da escola. Produzir a escola é elementar, pois nenhuma inovação pode ocorrer sem uma mudança no âmbito das organizações escolares e do seu funcionamento. O desafio consiste em conceber a escola como um ambiente educativo, onde trabalhar e formar não sejam atividades distintas, concebendo a formação como um processo permanente (Nóvoa, 1992, 1995).

A FORMAÇÃO CONTINUADA SOB ANÁLISE DO PROFESSOR ESCOLAR **103**

Nessa perspectiva, Nóvoa (1999b) destaca a contribuição das abordagens autobiográficas, das práticas de escrita pessoal e coletiva e do estímulo a uma atitude de investigação para as práticas de formação continuada, que deveriam fazer parte de uma concepção abrangente de formação de professores como meio de transformar a experiência em conhecimento, formalizando um saber profissional de referência.

Adotando esta mesma concepção, Bueno (1998) aponta para o uso da pesquisa em colaboração e de narrativas autobiográficas em superação aos modelos tradicionais de formação contínua, com suas imposições de ideias prontas e anulação da experiência passada. O intuito é justamente trabalhar a memória e a recuperação dessa experiência, tornando o professor pesquisador de sua história de vida, de sua prática docente, dos seus alunos, sendo levado, portanto, a compreender seu contexto e suas interações e a estabelecer novas relações com a docência e o ofício de ensinar.

A respeito do cotidiano escolar, André (1994, p.74) defende o uso da pesquisa etnográfica com ênfase nas situações do dia-a-dia do professor, tendo como objetivo a articulação entre "teoria e prática pedagógica, pesquisa e ensino, reflexão e ação didáticas". Discutir cenas do cotidiano escolar em cursos ou programas de formação e aperfeiçoamento docente pode ser uma excelente alternativa para a articulação teoria-prática. Pode aproximar o professor das situações reais das escolas e permitir a investigação teórica de forma mais orientada e significativa.

Com o intuito de superar os modelos de formação tradicionais, baseados na perspectiva técnica, as novas tendências investigativas na formação inicial e continuada de professores valorizam o conceito do professor reflexivo, difundido especialmente por estudiosos como Schön (1992), Nóvoa (1995) e Pérez Gómez (1992).

A proposta consiste fundamentalmente na valorização da prática profissional, baseando a formação na reflexão de todas as etapas do ensino, concebendo o professor como um intelectual que constrói e reconstrói seu conhecimento através da reflexão *na* e *sobre* a ação. Visualiza-se um professor capaz de apropriar-se de um pensamento autônomo, baseando-se na reflexão de todo o processo que envolve suas ações docentes e nas experiências advindas da sua prática cotidiana, e capaz de atuar como principal agente da formação, assumindo-se como sujeito do seu desenvolvimento e na construção da sua profissionalidade docente.

A questão essencial não é organizar mais cursos ou ampliar a formação. O que falta, na visão de Nóvoa (1999b), é integrar essas dimensões ao cotidiano da profissão docente, fazendo com que elas se tornem parte essencial da definição de cada um como professor, como professora.

De acordo com os estudos de Libâneo (2002, p.74) as práticas de formação de professores encerram quatro requisitos fundamentais, a saber:

> [...] uma cultura científica crítica como suportes teóricos ao trabalho docente; conteúdos instrumentais que assegurem o saber-fazer; uma estrutura de organização e gestão das escolas que propicie espaços de aprendizagem e de desenvolvimento profissional; uma base de convicções ético-políticas que permita a inserção do trabalho docente num conjunto de condicionantes políticos e socioculturais.

Dentre os muitos aspectos a serem considerados nas práticas de formação de professores, na visão de Gimeno Sacristán (2002, p.87), a questão do *habitus* assume caráter de especial relevância:

> A formação do professor deve considerar o significado do que P. Bourdieu discutiu há muito tempo, o *habitus*, como forma de integração entre o mundo das instituições e o mundo das pessoas. O *habitus* em educação é mais importante do que a ciência e do que os motivos. O *habitus* é cultura, é costume, é conservadorismo, mas é, também, continuidade social e, como tal, pode produzir outras práticas diferentes das existentes.

Nessa direção, a formação de professores pode desempenhar um papel importante na configuração de uma nova profissionalidade

A FORMAÇÃO CONTINUADA SOB ANÁLISE DO PROFESSOR ESCOLAR 105

docente (Nóvoa, 1992, 1995). É pertinente ressaltar que a profissionalidade docente não se encerra numa qualificação especializada, mas consiste no:

> [...] acesso à capacidade de resolver problemas complexos e variados pelos seus próprios meios, no quadro de objectivos gerais e de uma ética, sem ser obrigado a seguir procedimentos detalhados concebidos por outros. É, pois, ser, mais do que numa actividade de execução, capaz de autonomia e responsabilidade. (Perrenoud, 1997, p.184)

Para Contreras (2002) a profissionalidade docente implica três dimensões, três exigências do trabalho de ensinar: a obrigação moral, o compromisso com a comunidade e a competência profissional. A obrigação moral se traduz para os professores na preocupação com o bem estar dos alunos e nas implicações éticas do seu trabalho, exigindo-lhes consciência sobre o sentido do que é desejável educativamente.

O compromisso com a comunidade requer que as práticas profissionais não se constituam isoladamente, mas partilhadas, uma vez que a educação é para os professores uma ocupação socialmente encomenda e responsabilizada publicamente. Tal exigência ultrapassa a categoria profissional, estendendo a responsabilidade pública para a comunidade que deve, também, participar das decisões relacionadas ao ensino.

Por fim, a competência profissional transcende o sentido técnico dos recursos didáticos: trata-se de competências profissionais complexas que articulam habilidades, princípios e a consciência da importância do seu trabalho e de suas consequências. Ou seja, uma competência profissional coerente com a obrigação moral e o compromisso com a comunidade (Contreras, 2002).

Marcelo García (1995, 1999) se refere às distintas fases por que passa o professor no processo de aprender a ensinar como formação inicial, período de iniciação e desenvolvimento profissional. "Convém prestar uma atenção especial ao conceito de *desenvolvimento profissional dos professores"*, por ser este o que melhor corresponde à concepção atual do professor como um profissional do ensino (1995, p.55, grifos do autor).

A noção de desenvolvimento profissional defendida pelo autor traz consigo uma ideia de evolução e de continuidade (superando a justaposição entre formação inicial e aperfeiçoamento dos professores), assim como pressupõe uma valorização dos aspectos contextuais, organizacionais e orientados para a mudança, numa tentativa de superação do caráter individualista nas atividades de formação continuada dos professores, colocando a ênfase na dimensão participativa (ativa) dos professores.

Ainda, para Imbernón (2009), as novas tendências em formação continuada vislumbram um professor capaz de apropriar-se de um pensamento autônomo, baseando-se na reflexão de todo o processo que envolve suas ações docentes e nas experiências advindas da sua prática cotidiana, e capaz de atuar como principal agente da formação, assumindo-se como sujeito do seu desenvolvimento e na construção da sua profissionalidade docente.

Constata-se que a formação continuada vem procurando caminhos de desenvolvimento, de renovação. Está deixando de ser concebida na perspectiva da acumulação de cursos, conhecimentos ou técnicas e passando a ser concebida como um processo de reflexão das práticas e de (re)construção permanente de uma identidade pessoal e profissional (Candau, 1997; Nóvoa, 1995).

As tendências aqui explicitadas, trazidas de autores estudiosos do tema, representam um avanço considerável para a formação contínua, ainda que se configure como um processo em construção. É preciso que os professores sejam capazes de refletirem sobre a sua própria profissão, encontrando modos de formação e de trabalho que lhes permitam atuar como principal agente da sua formação, assumindo-se como sujeito do seu desenvolvimento, articulando de forma indissociável os projetos profissionais, pessoais e organizacionais.

Todavia, é preciso ressaltar que a motivação para com a profissão e formação não é uma peculiaridade individual, unicamente de

A FORMAÇÃO CONTINUADA SOB ANÁLISE DO PROFESSOR ESCOLAR **107**

natureza intrínseca, mas decorrente de fatores extrínsecos, sobretudo. Para os professores, os fatores extrínsecos que interferem na sua profissão englobam a desvalorização profissional, a precarização do trabalho docente, a violência presente nos ambientes escolares, a hierarquia e burocratização a que estão submetidos, dentre outros, como relatado pelos próprios professores em exercício.

Destaca-se, por fim, a necessária continuidade das ações formativas, que seja uma formação constante, permanente, realmente *continuada*. Não basta implementar ações de diferentes naturezas, em espaços e com conteúdos diversificados, ressaltaram os professores entrevistados. As ações precisam ser contínuas e não configurar-se somente como atividades pontuais:

> [...] deveria existir alguma coisa assim no sentido de acompanhar esse professor, alguma coisa que não fosse pontual, entendeu. Então, uma discussão, um evento, um... que é o que a gente observa, assim. É uma coisa que não é contínua, então ela é interrompida. Você vai, discute alguma coisa, fica lá quatro horas discutindo e depois dali seis meses você vai fazer aquilo novamente, entendeu. Então, poderia existir alguma forma, não sei como isso seria colocado em prática, mas alguma forma de que o professor sempre estivesse em formação, sempre estivesse discutindo [...].

Ao passo que para um dos entrevistados a preparação do professor teria que começar antes do início do ano letivo (abordando a dimensão psicológica e os conhecimentos específicos) e ser dada continuidade durante todo o ano, assim como essa formação seria imprescindível antes de toda mudança a ser introduzida na escola:

> [...] deveria ter um, um tempo é... antes de começar o ano letivo, uma preparação do professor, tanto psicológica como com cursos. [...] Toda mudança tem que ter uma preparação, entendeu. Toda mudança que está sendo feita é jogada, não preparada. Eu acho que deveria preparar mais o professor. Continuada é o quê? No começo do ano, no meio do ano, no final do ano? [...].

Como destacou Maués (2003) no Brasil não existem políticas educacionais amplas de formação de professores. A formação continuada centra-se em atividades pontuais e de acordo com interesses momentâneos, sejam políticos ou econômicos. Enfatiza Ferreira, N. (2003) que a política de formação continuada tem se tornado, de fato, uma política de descontinuidade, caracterizada pelo constante recomeçar, desconsiderando aquilo que já foi produzido pela história.

Concorda-se com Chauí (2003, p.11) ao dizer que "a educação é inseparável da formação e é por isso que ela só pode ser permanente". Assim como mencionou uma entrevistada, tem que ser "ao longo da vida, a gente nunca pode parar. [...] porque a gente nunca sabe tudo, a gente vai aprendendo [...]. Então, é um espaço para o aprimoramento".

# CONSIDERAÇÕES FINAIS

Por acreditar que o êxito da formação continuada de professores perpassa o conhecimento e a valorização das concepções dos docentes sobre sua formação e sua profissão, definiu-se como objetivo da pesquisa apresentada neste livro analisar os significados que um grupo de professores, atuantes na rede pública estadual de ensino da cidade de Bauru (SP), atribui à formação continuada no processo da profissionalidade docente.

A pesquisa com fontes orais foi fundamental para a compreensão do fenômeno da formação continuada na atualidade. Ao dialogar com os depoimentos dos professores, documentos oficiais e a literatura foi possível refletir sobre a formação continuada como elemento constante da pauta educacional global, local e internacional, assim como o pano de fundo que a perpassa no mundo globalizado; o panorama brasileiro no que se refere aos referenciais para a formação; as concepções dos professores; a necessidade em tornar a escola o *locus* da formação e os saberes da experiência o seu núcleo; e a relação estabelecida entre a formação e as etapas do desenvolvimento profissional dos professores.

Verificou-se que a tônica na formação docente não é um fenômeno regional ou pontual, mas global. A formação continuada é uma tendência internacional, sendo que, por vezes, é mais que um projeto formativo, é um projeto econômico, configurando-se como um grande negócio (o "mercado da formação") que, como tal, deve ser regido pela lógica do mercado.

De modo geral, as instâncias políticas justificam a formação continuada nos documentos pela necessidade de atualização dos professores frente aos novos desafios educacionais e às discussões teóricas recentes, visando propiciar mudanças na ação pedagógica e na qualidade da educação brasileira, de tal forma que essa dimensão da formação vai ganhando espaço nos documentos oficiais.

As reformas educacionais políticas no país têm, de acordo com Sguissardi (2000), contemplado muitas das recomendações dos organismos internacionais, como o Banco Mundial. Para Maués (2003) a formação continuada tem a função de adaptar os docentes às exigências governamentais, que sinalizam para a necessidade de uma atualização frente ao novo mundo globalizado. Nesse contexto, ações se sujeitam à lógica do capital, desvalorizando a formação do indivíduo como um ser crítico e situado historicamente.

Os professores entrevistados na pesquisa associaram um conjunto de diferentes possibilidades formativas ao termo *formação continuada*, como atualização dos estudos, aperfeiçoamento profissional, desenvolvimento e aprimoramento da prática pedagógica, aprofundamento e aquisição de novos conhecimentos, complementação da formação inicial, busca de mudanças, adequação às transformações da sociedade, atualização referente às produções acadêmicas, espaço para compartilhar experiências e amparo para as dificuldades enfrentadas no cotidiano, revelando a preocupação desses professores em manterem-se em formação ao longo da trajetória profissional.

Atividades como cursos de atualização profissional, cursos de pós-graduação (*lato sensu* e *stricto sensu*), leitura de artigos e revistas, pesquisas na internet, participação em grupos de estudos, congressos, seminários, palestras e fóruns compõem o quadro da formação continuada para os depoentes.

Os entrevistados relataram suas expectativas em relação ao papel da escola no que se refere à sua formação. Consideram a escola o

A FORMAÇÃO CONTINUADA SOB ANÁLISE DO PROFESSOR ESCOLAR 111

lugar privilegiado para a formação docente, pois a prática pedagógica também se constitui num processo de aprendizagem, onde o professor faz descobertas, aprende constantemente, re(significa) os conhecimentos adquiridos por diferentes fontes e reelabora suas ações, necessitando, portanto, transformá-la no lugar de referência da formação continuada, o que ainda não acontece para esse grupo pesquisado.

Quanto à participação nas diferentes etapas de construção da formação, os docentes alegaram não haver espaço para se envolverem com as fases de elaboração e implementação das ações formativas, denotando-se a despreocupação dos grupos responsáveis pelas práticas atuais em reconhecer, valorizar e dialogar com os saberes experienciais dos docentes. Fato que pôde ser confirmado nos estudos teóricos, visto que nas propostas de formação continuada geralmente é desconsiderada a necessidade de formação específica para cada etapa da carreira docente (já que em cada momento da carreira os professores enfrentam dificuldades e têm expectativas diferentes), assim como não são valorizados os saberes da experiência e as dificuldades que emergem da prática, que deveriam ser estabelecidos como ponto de partida (e chegada) da formação. Não existe espaço nos modelos vigentes para que o próprio professor seja a pessoa principal do processo, sendo que é ele quem percebe as dificuldades e necessidades do cotidiano escolar.

Essa análise, construída a partir da teoria de Elias (1980, 1994) – especialmente à luz dos conceitos de configuração e poder – permitiu concluir que estão constituídas provas de forças maiores ou menores nas relações entre professores, diretores, especialistas, agentes formadores, pesquisadores etc., e a distribuição de poder nesse jogo de forças apresenta-se desigual, ocupando o professor o lugar de sujeito passivo na sua própria formação, receptor de conteúdos elaborados por outros. E, nesse sentido, as ações de formação estão configuradas não como processos compartilhados entre esses diferentes grupos, mas como processos elaborados unilateralmente.

Outra constatação foi que os professores apresentaram necessidades e expectativas diferentes em cada momento da carreira docente.

Pôde-se verificar que na fase de entrada na carreira, os depoentes revelaram buscar ações formativas para aprimorar a prática pedagógica e diminuir o choque com o real dessa fase profissional. Já na fase de estabilização, os professores disseram que ações dessa natureza são importantes para solucionar os problemas do contexto educacional, assim como disseminar os conteúdos acadêmicos entre os professores escolares. Os professores que se encontravam na fase de diversificação relataram que o embasamento para trabalhar novos conteúdos e a atualização constante diante das novidades que surgem a todo o momento no campo educacional são suas prioridades de formação e, por fim, no momento de serenidade/desinvestimento a necessidade traduz-se em frequentar atividades formativas em espaços diferentes da escola para inovar as práticas cotidianas.

Ressaltam-se as colocações de Nóvoa (1999b) ao declarar que é impossível imaginar alguma mudança educativa que não passe pela formação de professores. Mas isso significa, sobretudo, mudar a concepção de formação, situando o desenvolvimento pessoal e profissional dos professores ao longo dos diferentes ciclos da sua vida, construindo lógicas de formação que valorizem a sua experiência em todas as fases: aluno, aluno-mestre, estagiário, professor principiante, professor titular e, inclusive, professor reformado.

Diante do exposto, é imprescindível reconhecer que a formação continuada é um processo heterogêneo, sendo preciso considerar todas as variantes envolvidas, como as necessidades e as expectativas dos professores em cada momento do exercício profissional, como enfatiza Candau (1997). Soma-se a isso o contexto social e local como elemento necessário, de modo que o trabalho coletivo de professores, agentes formadores, pesquisadores, gestores etc., viabilize processos próprios de intervenção formativa, correspondendo de forma mais adequada ao cotidiano docente.

Dentre os fatores ressaltados pelos entrevistados, destaca-se que este grupo almeja a construção de parcerias entre os grupos envolvidos, ou seja, a parceria entre os responsáveis pela elaboração das práticas de formação, os agentes formadores, os gestores e os professores, de modo que resulte em programas de formação mais

A FORMAÇÃO CONTINUADA SOB ANÁLISE DO PROFESSOR ESCOLAR   113

eficazes, o que permitiu refletir sobre o conceito de interdependência funcional de Elias, cada vez mais necessária entre os grupos para gerar uma integração em busca de objetivos comuns.

Imbernón (2009) constata que as novas tendências da formação permanente dos professores pressupõem uma tarefa coletiva. Trata- -se do desenvolvimento de atividades de formação colaborativa nas instituições formadoras, estabelecendo relações de parcerias e cooperação entre os sujeitos envolvidos. Considera que o contexto social é elemento imprescindível, portanto faz-se necessário o trabalho coletivo de modo que a ação formativa viabilize processos próprios de intervenção, correspondendo de forma mais adequada ao momento histórico vivido por determinado grupo.

A promulgação da LDBEN n.9.394/96 impulsionou as ações políticas no âmbito da formação continuada no Brasil. Em termos históricos esse tempo é pouco para gerar modificações de grande relevo (Gatti, 2008). Outrossim, os professores estão sujeitos tanto às lógicas do mercado como às descontinuidades das políticas públicas, já que cada novo governo concebe o professor e a educação de forma diferente, refletindo nas políticas de formação.

Não obstante, os depoentes expressaram como necessidades a serem contempladas nas práticas de formação docente:

- a superação da concepção em que o sujeito a se formar, o professor-aluno, se encontre na posição de passividade, receptor de conteúdos elaborados por outros.
- que as políticas de formação sejam processos compartilhados entre professores, gestores, formadores, pesquisadores, e não elaboradas unilateralmente.
- que o próprio professor estabeleça os desafios e reconheça as experiências vividas que possam influenciar as mudanças educativas.
- que a prática docente se torne a referência principal dos programas de formação continuada – assim como está registrado nas propostas oficiais nacionais, mas que não acontece no cotidiano.

## 114 FERNANDA ROSSI – DAGMAR APARECIDA CYNTHIA FRANÇA HUNGER

- que a formação continuada não seja desvinculada da formação inicial ou do processo de indução à carreira, prestando atenção ao conceito de desenvolvimento profissional, como enfatiza Marcelo García (1995, 1999).
- que o ponto de partida de conscientização do professorado para a adoção de uma postura de desenvolvimento profissional permanente integre o percurso da formação inicial.
- que diferentes práticas de formação sejam valorizadas como, por exemplo, a cultural e a artística, e não somente a acadêmico-científica, pois a formação do professorado não acontece apenas quando há certificação ou uma formação institucionalizada, uma vez que professor (vida profissional) e pessoa (vida pessoal) não se separam (Nóvoa, 1992, 1995, 2000), tratando-se, portanto, de formação humana.

Por conseguinte, que a formação não seja um componente isolado da profissão docente e que se traduza em oportunidades para que o professor transcenda a posição de profissional técnico que implementa prescrições de outros, convertendo-se em um profissional que participe ativa e criticamente no processo de inovação e mudança educacional e social.

Todo processo social é formado por teias de interdependência constituídas entre os diferentes atores envolvidos numa situação e as configurações delas decorrentes (Elias, 1980). Nesse jogo de forças entre grupos diferentes, a capacidade de controle irá variar de acordo com as posições ocupadas pelas pessoas nesse momento histórico, a dependência mútua existente entre os grupos e as tensões e conflitos inerentes à teia entrelaçada.

O resultado desta imbricada teia de relações implicará na transformação ou não do professor no principal agente da sua formação e da construção da sua profissionalidade docente, sendo que somente a partir de uma percepção clara dos professores do que está em jogo poderá ocorrer uma mudança de forças, e mediante a organização consciente deles (de que são corresponsáveis pela reconstrução da Educação) poderão ocorrer transformações. Reforçando que em

A FORMAÇÃO CONTINUADA SOB ANÁLISE DO PROFESSOR ESCOLAR 115

todas as relações há sempre a possibilidade das forças se alterarem (Elias, 1980, 1994).

Enfim, entende-se que cabe à formação continuada constituir-se, de fato, num componente que efetivamente contribua para a (re)construção da profissionalidade do professor e para sua legitimação como agente social e profissional.

Esclarece Elias (1980) que embora a teia social na qual se está imerso seja criada pelas próprias ações dos indivíduos, esta ainda pode lhe ser opaca. A função da pesquisa está em tornar *"mais acessíveis à compreensão humana estes processos cegos e não controlados,* explicando-os e permitindo às pessoas uma orientação dentro da teia social", visando o maior controle desta (Elias, 1980, p.168-9, grifos do autor).

Dessa forma, as considerações apresentadas nesse estudo não tiveram a pretensão de produzir generalizações, mas sim delinear um espaço que possa contribuir para que os leitores façam as associações com sua realidade, de acordo com suas experiências e contextos de atuação. Buscou-se, com as discussões das concepções e a valorização das experiências manifestadas pelos depoentes, retratar o quadro em que se insere a formação continuada para esse grupo no tempo presente. Como destaca Meihy (2000, p.25) o sentido da fonte oral, apesar de ter a intenção de corresponder a uma utilidade prática e imediata, não significa que se esgote no momento da apreensão e da análise das entrevistas, mas "mantém um compromisso de registro permanente que se projeta para o futuro sugerindo que outros possam vir a usá-la de diferentes maneiras".

Os estudos bibliográficos permitiram visualizar que nos discursos de diferentes agentes do campo educacional – poder público, pesquisadores, professores, gestores escolares... – está estabelecida a importância da formação continuada para o desenvolvimento do professor, e, evidentemente, para a transformação da qualidade do ensino. O que se desponta, no entanto, como um aspecto que merece especial atenção é como converter tais discursos em práticas condizentes com as intenções declaradas, lembrando que melhorias das condições de trabalho do professor precisam ser introduzidas, ao considerar que o avanço nas questões educacionais somente se faz possível com a interação de projetos profissionais, sociais, econômicos, políticos, que envolvam toda a complexidade na qual a profissão docente está imersa.

Talvez, assim, possa ser superado o paradoxo vivido pelo professorado nos dias atuais, em que sociedade e Estado investem um importante poder simbólico ao professor, apontando-o como o principal responsável pelo sucesso do ensino, para a resolução dos problemas sociais e para a construção do futuro, mas muito pouco é oferecido a ele em termos de condições profissionais.

Ressalte-se, por fim, que é preciso ter clareza do que se espera da educação. É preciso interrogar qual a sua finalidade e os conceitos que a orientam. É preciso repensar um objetivo comum, o que se quer da escola. Estes são, provavelmente, os primeiros questionamentos a serem explorados para a reconstrução do ensino, da formação de professores e da profissão docente.

# Referências Bibliográficas

ALVES, A. J. O planejamento de pesquisas qualitativas em educação. *Cadernos de Pesquisa*, São Paulo, n.77, p.53-61, maio 1991.

AMADO, J.; FERREIRA, M. M. (Orgs.). *Usos & abusos da história oral*. Rio de Janeiro: Fundação Getúlio Vargas, 1996.

ANDRÉ, M. E. D. A. Formação de professores em serviço: um diálogo com vários textos. *Cadernos de Pesquisa*, São Paulo, n.89, p.72-5, maio 1994.

———. *Etnografia da prática escolar*. Campinas: Papirus, 1995.

ANDRÉ, M. E. D. A. et al. Estado da arte da formação de professores no Brasil. *Educação e Sociedade*, Campinas, v.20, n.68, p.301-9, dez. 1999.

APPLE, M. W. *Educando à direita*: mercados, padrões, Deus e desigualdade. São Paulo: Cortez; Instituto Paulo Freire, 2003.

AZEVEDO, J. M. L. *A educação como política pública*. 3.ed. São Paulo: Autores Associados, 2004.

BANCO MUNDIAL. *La enseñanza superior:* las lecciones derivadas de la experiencia. Washington, D.C.: Banco Internacional de Reconstrução e Desenvolvimento (Bird), 1995.

BARROSO, J. O Estado, a educação e a regulação das políticas públicas. *Educação e Sociedade*, Campinas, v.26, n.92, p.725-51, out. 2005.

BOURDIEU, P. Espaço social e poder simbólico. In: ———. *Coisas ditas*. Trad. Cássia R. da Silveira e Denise Moreno Pegorim. São Paulo: Brasiliense, 2004, p.149-68.

BRASIL. Congresso Nacional. Lei n.9.394, de 20 de dezembro de 1996. Estabelece as diretrizes e bases da educação nacional. *Diário Oficial da União*, Brasília, DF, 23 dez. 1996.

_____. Ministério da Educação. Secretaria de Educação Fundamental. *Programa de Desenvolvimento Profissional Continuado*. Parâmetros em Ação, Terceiro e Quarto Ciclos do Ensino Fundamental. Brasília: MEC/SEF, 1999.

_____. Ministério da Educação. Secretaria de Educação Fundamental. *Referenciais para Formação de Professores*. Brasília: MEC/SEF, 2002a.

_____. Ministério da Educação. Secretaria de Educação Média e Tecnológica. *PCN+ Ensino Médio:* Orientações Educacionais complementares aos Parâmetros Curriculares Nacionais. Linguagens, Códigos e suas Tecnologias. Brasília: MEC/SEMTEC, 2002b.

_____. Ministério da Educação. Secretaria de Educação Básica. *Rede Nacional de Formação Continuada de Professores*. Brasília: MEC, 2004. Disponível em: <http://www.mec.gov.br>. Acesso em: 31 jul. 2009.

_____. Congresso Nacional. Lei n.11.502, de 11 de julho de 2007. Modifica as competências e a estrutura organizacional da fundação Coordenação de Aperfeiçoamento de Pessoal de Nível Superior – Capes. *Diário Oficial da União*, Brasília, DF, n.133, 12 jul. 2007.

_____. Conselho Nacional de Educação, Câmara de Educação Básica. Parecer n.7, de 4 de abril de 2010. Diretrizes Curriculares Nacionais Gerais para a Educação Básica. *Diário Oficial da União*, Brasília, DF, 9 jul. 2010a.

_____. Conselho Nacional de Educação, Câmara de Educação Básica. Resolução n.4, de 13 de julho de 2010. Define Diretrizes Curriculares Nacionais Gerais para a Educação Básica. *Diário Oficial da União*, Brasília, DF, 14 jul. 2010b.

BRUNO, L. Educación y poder. In: FELDFEBER, M.; OLIVEIRA, D. A. (Orgs.). *Políticas educativas y trabajo docente:* nuevas regulaciones ¿nuevos sujetos? Buenos Aires: Centro de Publicaciones Educativas y Material Didáctico, 2006.

BUENO, B. O. Pesquisa em colaboração na formação contínua de professores. In: BUENO, B. O.; CATANI, D. B.; SOUSA, C. P. (Orgs.). *A vida e o ofício dos professores:* formação contínua, autobiografia e pesquisa em colaboração. São Paulo: Escrituras, 1998, p.7-20.

_____. É possível reinventar os professores? A "escrita de memórias" em um *curso especial* de formação de professores. In: SOUZA, E. C.; ABRAÃO,

# A FORMAÇÃO CONTINUADA SOB ANÁLISE DO PROFESSOR ESCOLAR 119

M. H. (Orgs.). *Tempos, narrativas e ficções:* a invenção de si. Porto Alegre, Salvador: EDIPUCRG, UFBA, 2007, p.219-38.

CANDAU, V. M. Formação continuada de professores: tendências atuais. In: CANDAU, V. M. (Org.). *Magistério:* construção cotidiana. Petrópolis: Vozes, 1997, p.51-68.

CAVACO, M. H. Ofício do professor: o tempo e as mudanças. In: NÓVOA, A. (Org.). *Profissão professor.* 2.ed. Porto: Porto Editora, 1999, p.155-91.

CHAKUR, C. R. de S. L. (Des)profissionalização docente e formação continuada: situação e perspectivas atuais. In: LEITE, C. D. P.; OLIVEIRA, M. B. L. de; SALLES, L. M. F. (Orgs.). *Educação, psicologia e contemporaneidade.* Taubaté: Cabral Editora Universitária, 2000, p.71-89.

CHANTRAINE-DEMAILLY, L. Modelos de formação contínua e estratégias de mudança. In: NÓVOA, A. (Org.). *Os professores e a sua formação.* Lisboa: Dom Quixote, 1992, p.139-58.

CHARLOT, B. *Da relação com o saber:* elementos para uma teoria. Porto Alegre: Artmed, 2000.

_____. Formação de professores: a pesquisa e a política educacional. In: PIMENTA, S. G.; GHEDIN, E. (Orgs.). *Professor reflexivo no Brasil:* gênese e crítica de um conceito. São Paulo: Cortez, 2002, p.89-108.

_____. *Relação com o saber, formação dos professores e globalização:* questões para a educação hoje. Porto Alegre: Artmed, 2005.

_____. Educação e Culturas. Entrevista. *Revista Pátio,* 23 nov. 2006. Disponível em: <http://www.revistapatio.com.br/conteudo_exclusivo_conteudo. aspx?id=27>. Acesso em: 19 jul. 2011.

CHARTIER, R. A visão do historiador modernista. In: AMADO, J.; FERREIRA, M. M. (Orgs.). *Usos & abusos da história oral.* Rio de Janeiro: Fundação Getúlio Vargas, 1996, p.215-18.

CHAUÍ, M. A universidade pública sob nova perspectiva. *Revista Brasileira de Educação,* Rio de Janeiro, n.24, p.5-15, set.-dez. 2003.

CONTRERAS, J. *A autonomia de professores.* São Paulo: Cortez, 2002.

DEMO, P. Professor e seu direito de estudar. In: SHIGUNOV NETO, A.; MACIEL, L. S. B. (Orgs.). *Reflexões sobre a formação de professores.* Campinas: Papirus, 2002, p.71-88.

_____. Professor do futuro e reconstrução do conhecimento. In: MACIEL, L. S. B.; SHIGUNOV NETO, A. (Orgs.). *Formação de professores:* passado, presente e futuro. São Paulo: Cortez, 2004, p.113-27.

DUPAS, G. *Atores e poderes na nova ordem global:* assimetrias, instabilidades e imperativos de legitimação. São Paulo: Editora Unesp, 2005.

# 120 FERNANDA ROSSI – DAGMAR APARECIDA CYNTHIA FRANÇA HUNGER

ELIAS, N. *Introdução à Sociologia*. Trad. Maria Luísa Ribeiro Ferreira. São Paulo: Livraria Martins Fontes, 1980.

_____. *A sociedade dos indivíduos*. Trad. Vera Ribeiro. Rio de Janeiro: Jorge Zahar, 1994.

ELIAS, N.; SCOTSON, J. L. *Os estabelecidos e os outsiders:* sociologia das relações de poder a partir de uma pequena comunidade. Trad. Vera Ribeiro. Rio de Janeiro: Jorge Zahar, 2000.

FERREIRA, L. A. *O professor de Educação Física no primeiro ano da carreira:* análise da aprendizagem profissional a partir da promoção de um programa de iniciação à docência. São Paulo, 2006. 216f. Tese (Doutorado em Educação) – Faculdade de Educação da Universidade Federal de São Carlos.

FERREIRA, M. M. História oral: um inventário das diferenças. In: FERREIRA, M. M. (Coord.). *Entre-vistas:* abordagens e usos da história oral. Rio de Janeiro: Editora da Fundação Getúlio Vargas, 1994, p.1-13.

FERREIRA, N. S. C. Formação continuada e gestão da educação no contexto da "cultura globalizada". In: FERREIRA, N. S. C. (Org.). *Formação continuada e gestão da educação*. São Paulo: Cortez, 2003.

FREIRE, P. *Pedagogia da autonomia:* saberes necessários à prática educativa. 33 ed. São Paulo: Paz e Terra, 1996.

FREITAS, H. C. L. de. Formação de professores no Brasil: 10 anos de embate entre projetos de formação. *Educação e Sociedade*, Campinas, v.23, n.80, p.136-67, set. 2002.

_____. Certificação docente e formação do educador: regulação e desprofissionalização. *Educação e Sociedade*, Campinas, v.24, n.85, p.1095-124, dez. 2003.

GADOTTI, M. *Perspectivas atuais da educação*. Porto Alegre: Artes Médicas Sul, 2000.

GATTI, B. A. Formação continuada de professores: a questão psicossocial. *Cadernos de Pesquisa*, [S.l.], n.119, p.191-204, jul. 2003.

_____. Análise das políticas públicas para formação continuada no Brasil, na última década. *Revista Brasileira de Educação*, [S.l.], v.13, n.37, p.57-70, jan.-abr. 2008.

GIMENO SACRISTÁN, J. Consciência e acção sobre a prática como libertação profissional dos professores. In: NÓVOA, A. (Org.). *Profissão professor*. 2.ed. Porto: Porto Editora, 1999, p.63-92.

_____. Tendências investigativas na formação de professores. In: PIMENTA, S. G.; GHEDIN, E. (Orgs.). *Professor reflexivo no Brasil:* gênese e crítica de um conceito. São Paulo: Cortez, 2002, p.81-7.

A FORMAÇÃO CONTINUADA SOB ANÁLISE DO PROFESSOR ESCOLAR   121

GRAMSCI, A. *Concepção dialética da história*. 4.ed. Rio de Janeiro: Civilização Brasileira, 1981.

GÜNTHER, M. C. C.; MOLINA NETO, V. Formação permanente de professores de Educação Física na rede municipal de ensino de Porto Alegre: uma abordagem etnográfica. *Revista Paulista de Educação Física*, São Paulo, v.14, n.1, p.85-91, jan.-jun. 2000.

HÖFLING, E de M. Estado e políticas (públicas) sociais. *Cadernos Cedes*, ano XXI, n.55, p.30-41, nov. 2001.

HUBERMAN, M. O ciclo de vida profissional dos professores. In: NÓVOA, A. (Org.). *Vidas de professores*. 2.ed. Porto: Porto Editora, 2000, p.31-61.

IMBERNÓN, F. *Formação docente e profissional:* formar-se para a mudança e a incerteza. 2.ed. São Paulo: Cortez, 2001.

_____. *Formação permanente do professorado:* novas tendências. São Paulo: Cortez, 2009.

LE GOFF, J. *História e memória*. 4.ed. Campinas: Editora da Unicamp, 1996.

LEÃO, A. B. *Norbert Elias & e a educação*. Belo Horizonte: Autêntica, 2007.

LIBÂNEO, J. C. Reflexividade e formação de professores: outra oscilação do pensamento pedagógico brasileiro? In: PIMENTA, S. G.; GHEDIN, E. (Orgs.). *Professor reflexivo no Brasil:* gênese e crítica de um conceito. São Paulo: Cortez, 2002, p.53-79.

LÜDKE, M.; ANDRÉ, M. E. D. A. *Pesquisa em educação:* abordagens qualitativas. São Paulo: EPU, 1986.

LÜDKE, M.; BOING, L. A. Caminhos da profissão e da profissionalidade docentes. *Educação e Sociedade*, Campinas, v.25, n.89, p.1159-80, set.-dez. 2004.

MARCELO GARCÍA, C. A formação de professores: novas perspectivas baseadas na investigação sobre o pensamento do professor. In: NÓVOA, A. (Org.). *Os professores e a sua formação*. Lisboa: Dom Quixote, 1995, p.51-76.

_____. *Formação de professores:* para uma mudança educativa. Portugal: Porto Editora, 1999.

MARIN, A. J. Educação continuada: introdução a uma análise de termos e concepções. *Cadernos CEDES 36:* Educação Continuada, São Paulo: Papirus, 1995, p.13-20.

MAUÉS, O. C. Reformas internacionais da educação e formação de professores. *Cadernos de Pesquisa*, São Paulo, n.118, p.89-117, mar. 2003.

MEDIANO, Z. D. A formação em serviço de professores através de oficinas pedagógicas. In: CANDAU, V. M. (Org.). *Magistério:* construção cotidiana. 4.ed. Petrópolis: Vozes, 1997, p.91-109.

MEIHY, J. C. S. B. Manual de história oral. 3.ed. São Paulo: Edições Loyola, 2000.

MOREIRA, H. de R. et al. Qualidade de vida no trabalho e perfil do estilo de vida individual de professores de Educação Física ao longo da carreira docente. *Motriz*, Rio Claro, v.16 n.4, p.900-12, out.-dez. 2010.

NÓVOA, A. Notas sobre formação (contínua) de professores. 1992 (mimeo).

_____. Formação de professores e profissão docente. In: NÓVOA, A. (Org.). *Os professores e a sua formação*. 2.ed. Lisboa: Dom Quixote, 1995, p.15-33.

_____. O passado e o presente dos professores. In: NÓVOA, A. (Org.). *Profissão professor*. 2.ed. Porto: Porto Editora, 1999a, p.13-34.

_____. Os professores na virada do milênio: do excesso dos discursos à pobreza das práticas. *Revista Educação e Pesquisa*, São Paulo, v.25, n.1, p.11-20, jan.-jun. 1999b.

_____. Os professores e as histórias da sua vida. In: NÓVOA, A. (Org.). *Vidas de professores*. 2.ed. Porto: Porto Editora, 2000, p.11-30.

_____. Os professores e o "novo" espaço público da educação. In: TARDIF, M.; LESSARD, C. (Orgs.). *O ofício de professor*: história, perspectivas e desafios internacionais. Petrópolis: Vozes, 2008, p.217-33.

PACHECO, J. A. B. *Formação de professores*: teoria e práxis. Braga: Instituto de Educação e Psicologia, Universidade do Minho, 1995.

PEREIRA, E. M. A. *Subsídios para a elaboração do projeto pedagógico*. Disponível em: <http://www.prg.unicamp.br/projeto_pedagogico.html>. Acesso em: 9 dez. 2008.

PÉREZ GÓMEZ, A. O pensamento prático do professor: a formação do professor como profissional reflexivo. In: NÓVOA, A. (Org.). *Os professores e a sua formação*. Lisboa: Dom Quixote, 1992, p.93-114.

_____. Qualidade do ensino e desenvolvimento profissional do docente como intelectual reflexivo. *Motriz*, Rio Claro, v.3, n.1, p.29-43, jun.1997.

PERRENOUD, P. *Práticas pedagógicas, profissão docente e formação*: perspectivas sociológicas. 2.ed. Lisboa: Dom Quixote, 1997.

PIMENTA, S. G. Professor: formação, identidade e trabalho docente. In: _____ (Org.). *Saberes pedagógicos e atividade docente*. 2.ed. São Paulo: Cortez, 2000, p.15-35.

RANGEL-BETTI, I. C. Os professores de Educação Física atuantes na educação infantil: intervenção e pesquisa. *Revista Paulista de Educação Física*, São Paulo, supl. 4, p.83-94, 2001.

RÉMOND, R. Algumas questões de alcance geral à guisa de introdução. In: AMADO, J.; FERREIRA, M. M. (Orgs.). *Usos & abusos da história oral*. Rio de Janeiro: Fundação Getúlio Vargas, 1996, p.203-9.

A FORMAÇÃO CONTINUADA SOB ANÁLISE DO PROFESSOR ESCOLAR **123**

ROSSI, F.; HUNGER, D. A. C. F. Formação acadêmica em Educação Física e intervenção profissional em academias de ginástica. *Motriz*, Rio Claro, v.14, n.4, p.440-51, out.-dez. 2008.

SANTOS, A. C. de A. *Fontes orais:* testemunhos, trajetórias de vida e história. Curitiba: DAP, 2005. (Texto para discussão). Disponível em: <http://www2.uel.br/cch/cdph/arqtxt/Testemuhostrajetoriasdevidaehistoria. pdf>. Acesso em: 14 ago. 2009.

SANTOS, B. de S. *A globalização e as Ciências Sociais.* 2.ed. São Paulo: Cortez, 2002.

SARTI, F. M. Parceria intergeracional e formação docente. *Educação em Revista*, Belo Horizonte, v.25, n.2, p.133-52, ago. 2009.

SAVIANI. D. Os saberes implicados na formação do educador. In: BICUDO, M. A. V.; SILVA JUNIOR, C. A. *Formação de professor.* v.1. São Paulo: Editora Unesp, 1996.

_____. Sistema nacional de educação articulado ao plano nacional de educação. *Revista Brasileira de Educação*, Campinas, v.15, n.44, p.380-412, maio-ago. 2010.

SCHÖN, D. Formar professores como profissionais reflexivos. In: NÓVOA, A. (Org.). *Os professores e a sua formação.* Lisboa: Dom Quixote, 1992, p.77-91.

SGUISSARDI, V. *O Banco Mundial e a educação superior:* revisando teses e posições? In: 23ª Reunião Anual da ANPED – GT 11, 2000. Disponível em: <http://www.anped.org.br/reunioes/23/textos/1111t.PDF>. Acesso em: 16 nov. 2010.

SOUZA, D. T. R. de. Formação continuada de professores e fracasso escolar: problematizando o argumento da incompetência. *Educação e Pesquisa*, São Paulo, v.32, n.3, p.477-92, dez. 2006.

TARDIF, M. *Saberes docentes e formação profissional.* Petrópolis: Vozes, 2002.

THOMPSON, P. *A voz do passado.* 2.ed. Rio de Janeiro: Paz e Terra, 1992.

TOURTIER-BONAZZI, C. Arquivos: propostas metodológicas. In: AMADO, J.; FERREIRA, M. M. (Orgs.). *Usos & abusos da história oral.* Rio de Janeiro: Fundação Getúlio Vargas, 1996, p.233-45.

VASCONCELLOS, C. S. *Coordenação do trabalho pedagógico:* do projeto político-pedagógico ao cotidiano da sala de aula. 5.ed. São Paulo: Libertad, 2004a.

VASCONCELLOS, C. S. *Planejamento:* projeto de ensino-aprendizagem e projeto político-pedagógico – elementos metodológicos para elaboração e realização. 12ed. São Paulo: Libertad, 2004b.

VEIGA, I. P. A. Perspectivas para reflexão em torno do projeto político-pedagógico. In: VEIGA, I. P. A.; RESENDE, L. M. G. (Orgs.). *Escola:* espaço do projeto político-pedagógico. Campinas: Papirus, 2003.

SOBRE O LIVRO

Formato: 14 x 21 cm
Mancha: 23,7 x 42,5 paicas
Tipologia: Horley Old Style 10,5/14
Papel: Offset 75 g/m² (miolo)
Cartão Supremo 250 g/m² (capa)
1ª edição: 2013

EQUIPE DE REALIZAÇÃO

Coordenação Geral
Marcos Keith Takahashi

**Impressão e Acabamento:**

*psi 7*

Printing Solutions & Internet 7 S.A